東大卒ママたちに教わる、

「東大脳」を育てる 3歳までの習慣

東大卒ママの会

小学館

はじめに

はじめまして。東大卒ママの会です。私たちはみんな東京大学を卒業し、出産をして、育児に追われる日々を過ごしている現役ママです。

自分たちが母となり、生まれたばかりの子どもにどのように接するべきなのか？　同時期に出産した大学時代からの友人の輪で、互いに育児相談をしながら集まるようになりました。初めての子育てでお手本になるのは自分たちの親。

「東大生」というと幼いころからたくさん勉強して、特別な習い事をし

てきたのではないか、と考える方もたくさんいるようですが、私たちを含め東大生がみんな特別な教育を受けてきたわけではありません。ただ、みんなで話す中でわかったのは、子どもに絵本をたくさん読むことや、早寝早起きといった習慣づけは共通してどの親も実践していたということでした。その効果が気になり調べてみると、「なにげない親の取り組みが脳によい影響を与えたようだ」ということがわかりました。それらをベースに、自分たちも子どもに対して実践している育脳の取り組みをまとめたのがこの本です。

今回出版をするにあたり学術書などを調べたところ、〝幼児教育〟といっても勉強机に向かうのではなく、おもちゃの遊び方や声がけの仕方など、日常のちょっとした工夫ひとつで子どもの脳の成長をうながすことができる、とさまざまな研究によって明らかにされていることがわかりました。

また、私たちは東大卒（大学院卒、現役生を含む）２５７人へのアンケ

ート[※1]を実施しました。その結果、東大生は子どものころどんな教育を受けてきたのか、興味深い回答を得ることができました。

テストで100点をとるのももちろん素晴らしいことですが、本当の意味で「賢い子」というのは、自分で課題を発見して解決方法を考え、それをやり遂げる力や、自尊心をもちながらも他人の考えを尊重する人間力が備わっている子なのではないのでしょうか。偏差値の高い大学を卒業することにより、キャリアなどの選択肢が増える面もありますが、我が子には偏差値よりも〝人生で何を成し遂げたいか〟、〝何に価値をおくか〟を、主体的に考えられる人間になってほしいと願っています。私たちの中には、大手金融機関や官公庁、ベンチャー企業で働く者もいれば出産を契機に退職している者もいます。それぞれ多様なライフスタイルを送っていますが、一貫しているのは自分の夢を追いかけて、今いる場所を選んでいる点です。

そしてその基礎となる思考力は、まだ考え方が柔軟な幼いころから、親

が手助けをして少しずつ習得するものだと思っています。「三つ子の魂百まで」と昔から言われていますが、実際に3歳までに約80％の脳が完成するというデータがあります。[※2] この3歳までの時期に、いかに子どもと向き合い、多くの刺激を与えるかが、脳の成長に影響してくるそうです。

ただ、現代の親は共働きだったり、核家族が多かったり、幼児教育に割ける時間は決して多くありません。そんな忙しい日々を送るママやパパでも、保育園の帰り道や食事の時間など、少しの時間でもできることを選んで紹介しています。勉強だ！　やらなくてはいけない！　と気負わず、ぜひ親も一緒に楽しみながら取り組んでみてください。

令和2年6月　東大卒ママの会

※1 2019年12月～2020年1月に実施。本文中では「東大卒アンケート」としています。子どものころの記憶のため、具体的な年齢は明確でないものもあります。詳しくはP158参照。　※2 Scammon R.E et al: The measurement of the body in children,1930　（各ページの※以下は参考文献とアンケート詳細です。）

Contents

1章 今からできる！ "ながら"育脳

2章 遊びの中で“意識して”育脳

3章 親として大切にしたい 育脳の心得

育脳で知っておきたい 脳の機能

本編でもよく出てくる
脳の機能について簡単にご紹介。
育脳で大切なのは、「前頭葉」と「海馬」、
そして神経細胞「ニューロン」です！

① 「前頭葉」で思考力、集中力、判断力を高める

前頭葉は、脳のさまざまな部分に散らばっている情報を集め、これからどうするかを考えるため、脳の司令塔と呼ばれている。思考力・集中力・判断力を高めるには、前頭葉を鍛えることが大事！

ものを考え、情報を集め、次の行動を考える

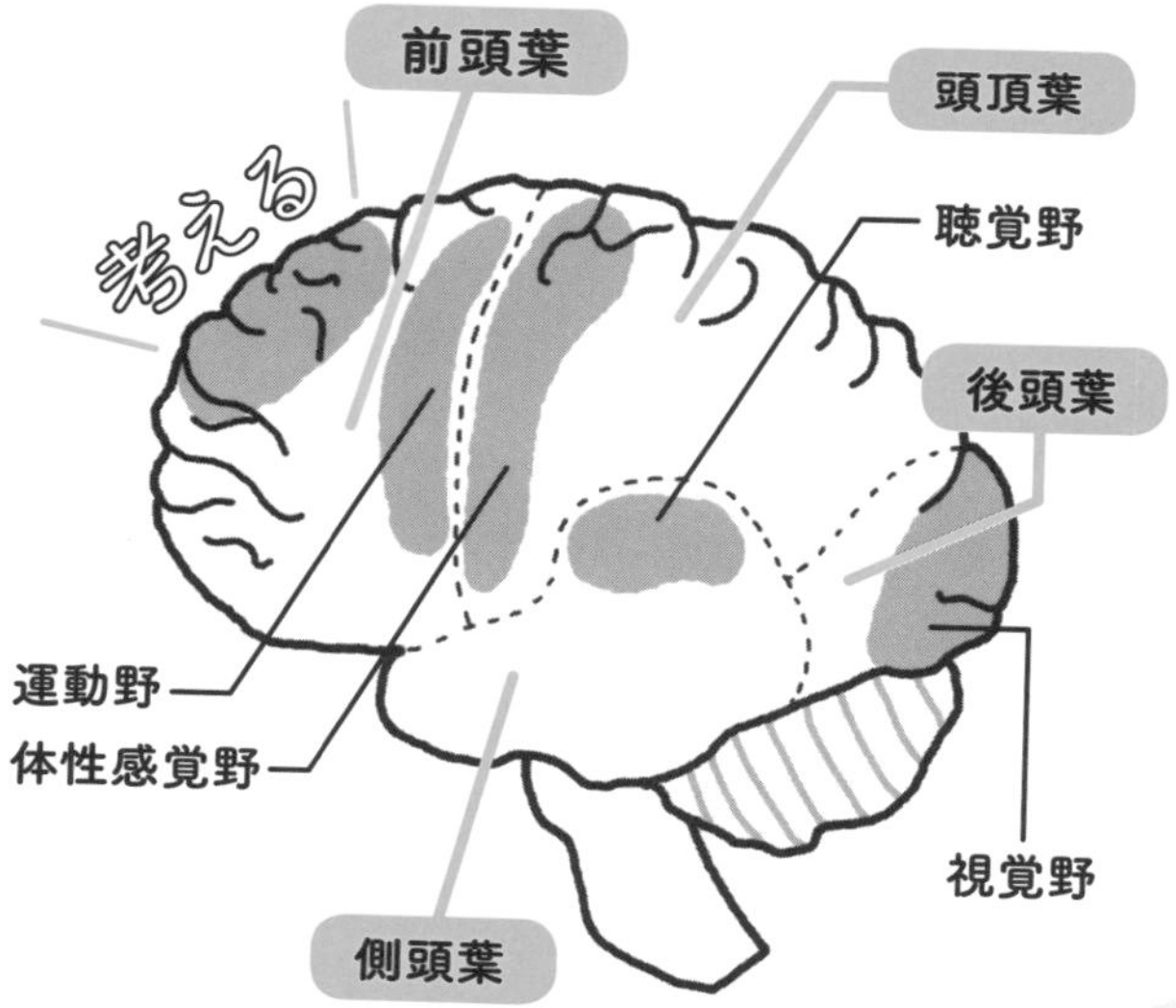

前頭葉で「考える」ことが人間の武器

記憶をベースにものを考えたり、知的な活動をする前頭葉。人間の前頭葉は他の動物よりずっと大きく、「本能」よりも「学習」することを重んじ、「考える」ことを武器にしている。

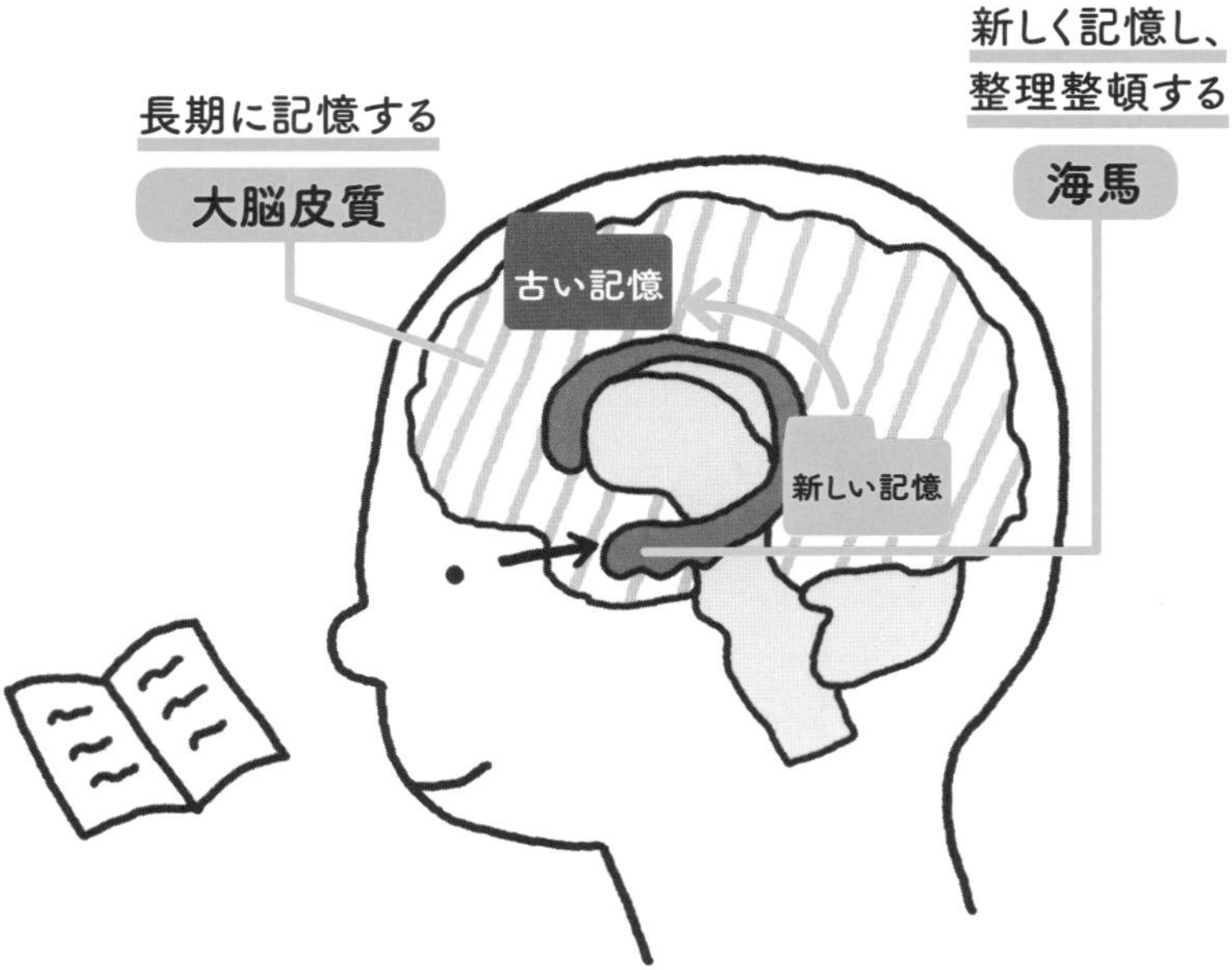

②「海馬」で新しいことを記憶する！

新しいことはまず海馬に記憶され、整理されてから大脳皮質で長期記憶として保存される。海馬の働きをよくして、新しいことを覚える記憶力を鍛えて！

漢字や計算を覚える記憶も海馬で

難しい漢字を覚えたり、計算の仕方を覚えたりするのを「陳述的記憶」といい、「海馬」が大切な役割を果たしている。この記憶は、忘れてしまったりするので、繰り返すことが大切。

情報は海馬で一旦ファイル

日常の出来事や、勉強して覚えた新しい情報は、海馬の中で一度ファイルされて整理整頓。その後、大脳皮質にためられて「古い記憶」となる。

日本学術会議 おもしろ情報館（内閣府）のHPを基に本書が作成。
http://www.scj.go.jp/omoshiro/indextop.html

③ 脳の神経細胞「ニューロン」は、外からの刺激が多いほど発達

脳にはニューロンという神経細胞のネットワークがある。ものを覚えるときは、このネットワークに情報（電気信号）が流れ、その繋がりが強くなって記憶が脳の中にファイルされるのではないかといわれている。海馬のニューロンが活性化すると、当然学習する能力も高くなる。また、多種多様な環境のほうが脳の成長をうながすということがわかっている。

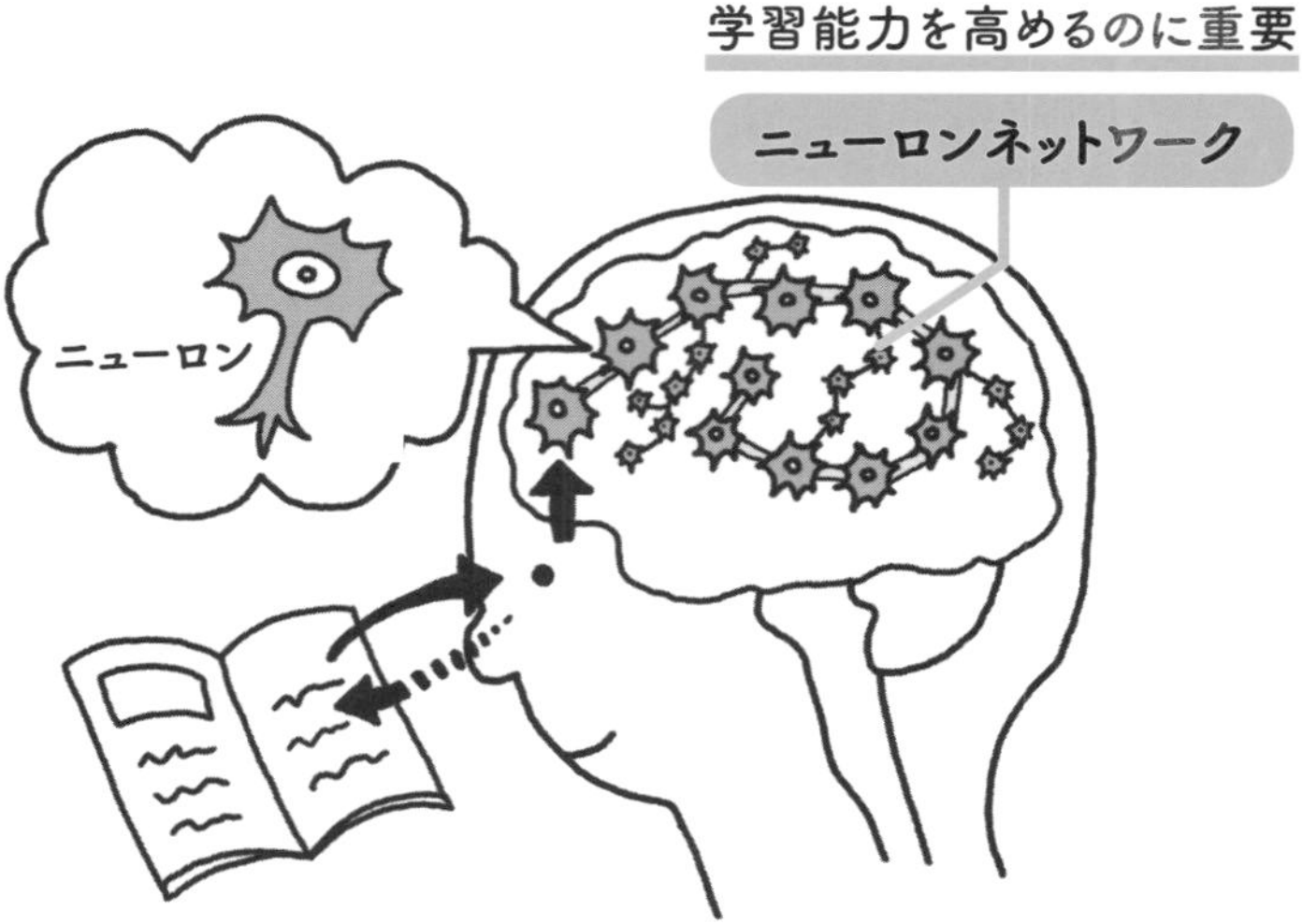

④ 「繰り返し」の刺激が脳を育てる

繰り返し訓練する熟練工が優れた能力を発揮するように、勉強でも同じことが起きる。繰り返し脳に刺激を加えると、脳の中のネットワークが大きく育っていく。

1章

今からできる！
〝ながら〟育脳

"ながら"育脳 1

遊び

「いないいないばあ」で遊びながら記憶力アップ

適用年齢の目安 0歳

「親の顔がまた現れるだろう」と〝予測するだけ〟で、ドーパミンが分泌され、記憶力の向上に繋がるという研究結果もある※2。

「いないいないばあ」は赤ちゃんの大好きな遊び。赤ちゃんの記憶力が発達してくると、親の顔が突然消えても「ばあ」でまた現れるだろうと予測できるようになるそうです。そして「ばあ」で予測どおり大好きな親の顔が現れて喜ぶとき、赤ちゃんの脳内からドーパミンという快楽ホルモンが分泌され、記憶する力がますます伸びるのだとか。[※1]

「赤ちゃんのころ、娘に『いないいないばあ』をたくさんして笑わせていました。3歳のころには一度読んだ本は暗唱できるなど、記憶力がとてもよくなっていました」（農学部卒／Y・Uの母）

遊び方にバリエーションを増やしてみるのもおすすめです。寝返りができるようになったら、親が壁に隠れて「ばあ」を。おすわりができるようになったら、目の前にあるおもちゃをタオルなどの布で隠して「ばあ」とその布を親がめくったり、子どもにめくらせたりするのも楽しいと思います。

※1 ※2 髙田 昌彦 , 松本 正幸 : “Distinct Representations of Cognitive and Motivational signals in Midbrain Dopamine neurons”. Neuron. Volume79. Issue5: 2013, pp. 1011-1024

"ながら"育脳 2

赤ちゃんは「繰り返す」ことで集中力がつく

遊び

適用年齢の目安

0歳

1歳

繰り返し同じ動きをすることで筋肉の使い方も学べるそう。途中で止めず、見守ろう。

何度もおもちゃの音を鳴らす、容器の蓋を開け閉めする……。赤ちゃんが同じ行動を繰り返し始めたら、集中力を鍛えるよい機会。研究によれば、赤ちゃんは同じ行動を続けるうちに「こう動かせばこうなる」と学び、思ったとおりになるとうれしくなって、さらに熱中するのだそう。※

「私も赤ちゃんのころには引き戸の開閉に夢中になり、20分以上続けていたことがあったようです。そのころに集中力が培われたからか、小学校時代の100マス計算は常にクラスで1位でした。大学受験の1教科150分試験もこの集中力で乗り切れたのだと思います」（法学部卒／S・W）

赤ちゃんが取り組んでいてなかなかできないことがあれば手助けを。たとえば蓋の開け閉めなら、蓋を少しひねってから渡すなどです。赤ちゃんが「自分でできた」と感じると、ますます集中してくれるはずです。

※榎本一紀，松本直幸，木村實：「ドパミン神経系による予測と意思決定の制御機構」（『日本生物学的精神医学会誌』24巻2号）：2013, pp. 89-94

"ながら"育脳

3

遊び

適用年齢の目安

0歳

1歳

「あっち向いてホイ！」で前頭葉を育てよう

生後2か月ごろから1歳までは視覚の発達期で、よく目を動かす。この時期にあっち向いてホイでたくさん遊ぼう！

「0歳のころから指をゆっくり動かして『あっち向いてホイ。右には何が見えたかな？』と語りかけるようにしていました。そのおかげか集中力のある子で、2歳のころにはお人形の髪の毛を一心に三つ編みしているほどでした」（農学部卒／Y・Uの母）

ゆっくりと「あっち向いてホイ」のような動きをすると目がよく動きます。目の動きをコントロールしているのは前頭葉。前頭葉を鍛えることで、集中力・創造力・判断力などが向上するのだとか。[※1] また、親子でアイコンタクトをとる遊びを通して、子どもの言語能力が発達するという論文もあります。[※2]

まずは赤ちゃんの目を見て「ママ（パパ）のお顔はこっちだよ～」などと語りかけながら顔をゆっくり左右に動かしてみて。慣れてきたら親は指を赤ちゃんの顔の前で上下左右にゆっくり動かし、赤ちゃんに目で追いかけさせましょう。こうして遊ぶだけで前頭葉が鍛えられるといわれています。

※1 加藤 誠：「ヒトの大脳皮質における視覚情報と眼球運動制御」（『情報通信研究機構季報』Vol.50. No.3/4）：2004　※2 浦川 将，坂井 奈津子，高本 考一他：「乳児の認知機能発達」（『東海北陸理学療法学術大会誌』）：2011

手は第二の脳。いろいろな素材に触れて触覚を鍛えよう！

3歳までに人間の脳のほとんどが完成するといわれている。幼児期の手からの刺激は前頭前野を鍛え、考える力や計画する力を育てるというから、いろいろなものをどんどん触らせて。

「娘は赤ちゃんのころから家でも外でもなんでもよく触る子でした。危険でなければ、取り上げずに見守っていました。言葉知能の発達が早かったのはそのおかげかもしれません」（工学部卒／Y・Yの母）

体の中でも「手は第二の脳」といわれ、手を使って触覚が刺激されることで赤ちゃんの脳は成長するそうです。※日常の中で赤ちゃんがいろいろな触感を味わえる工夫をしてはいかがでしょうか。

おもちゃで遊べるようになったら布や木、プラスチックなど、いろいろな素材のものを赤ちゃんに触らせるとよいと思います。

また、手づかみ食べは、触覚の刺激に役立つ行動です。赤ちゃんが手づかみで食べるとあちこち汚れて親としてはイヤかもしれませんが、東大卒ママたちは赤ちゃんの脳が成長しているんだと思って見守るようにしています。

※ Hayano Yasufumi,et al. : “Netrin-4 regulates thalamocortical axon branching in an activity-dependent fashion”. Proceedings of the National Academy of Sciences. 111 (42): 2014, pp. 15226-15231

"ながら"育脳 5

生活習慣

適用年齢の目安

0歳

1歳

おむつ替え時のマッサージで「記憶脳」を育てる

オキシトシンの分泌で赤ちゃんの社会性と記憶力が向上。赤ちゃんに触れることで、親自身にも幸せホルモンが分泌されるそう※2。

「母はおむつ替えのたびに脚の曲げ伸ばしをしたり、さすったりしたそう。信頼関係が深まり安心したのか、夜泣きをせずに朝までぐっすり寝てくれる子になったと聞きました」（経済学部卒／E・O）

ベビーマッサージをすると、幸せホルモンと呼ばれるオキシトシンが分泌されて、赤ちゃんが安心し、痛みに強くなったりストレスが軽減したりと、心と体の健康によい効果があるのだとか[※1]。また幸せホルモン＝オキシトシンには、コミュニケーション能力などの社会性をアップさせたり、記憶力が増すという効果もあるそうです。

とはいえ、いざ行おうとすると、急な用事が入ったり、赤ちゃんが寝ていたり、なかなか難しいもの。でも、おむつ替えの時間なら赤ちゃんが起きていてマッサージができるいいタイミングです。おむつ替えのときに、脚のつけ根から足先に向けてゆっくりと、少し圧をかけながら撫でるのがおすすめ。

※1 二神 弘子，藤原 宏子：「オキシトシンと心身の健康」（『心身健康科学』15 巻 1 号）：2019, pp. 48-50
※2 副田 二三夫：「下垂体後葉ホルモンオキシトシンによる長期記憶の向上（C・生物系薬学）」（『ファルマシア』40 巻 1 号）：2004, pp. 61-62

赤ちゃんのグーは「親指を外に出す」が正解

生活習慣

適用年齢の目安
0歳
1歳

生後すぐから取り組みたい育脳のひとつ。大人の指や、赤ちゃん用のおもちゃ、家にあるペンなど、なんでもこの握り方で握らせよう。

生後すぐの赤ちゃんは、自然と親指を中に入れて手を握っているかと思います。これは生後すぐに見られる「反射」ですが、研究によると親指を外に出して握らせるほうがよいようです。親指を外に出して握ると、5本の指全体に力が入るので、脳の運動野という部分が鍛えられ、手や指が器用に使えるようになるのだとか。[※1]

「生後まもないころから母がこの握り方をさせてくれていたようです。おかげで2歳では鉛筆で上手にひらがなが書けたり、お箸が使えたりなど、手や指の発達が早かったといいます」（農学部卒／Y・U）

この「親指を外に出した握り方（＝パワーグリップ）」は、手先の動作の基本。[※2] 5本指全体に力の入った状態から、薬指と小指の力が抜けることで、鉛筆やお箸をうまく握れるようになるそうです。

※1 ※2 久保田 競：『手のしくみと脳の発達』（朱鷺書房）：1985

ながら育脳 7

語りかけ／学び

適用年齢の目安　0歳　1歳　2歳

「おいしい」ときはにっこりと。感情を込めた語りかけが言葉への興味を引き出す

話すときに感情を込めようと意識すると、自然にゆっくりと抑揚のある話し方になる。このような話し方は、赤ちゃんの言葉への興味を引き出しやすいといわれている※2。

「私は、1歳半で『これ、おいしいね』などの2語文を話すなど、幼少期の発語は早めだったと聞いています。特に、『おいしい』『きれい』『よしよし』など、母が感情を込めて語りかけてくれた言葉は、覚えが早かったそうです」（法学部卒／A・M）

ママやパパの話し方に抑揚があり、ゆっくりとしたテンポだと、まだ言葉がわからない赤ちゃんも、ママやパパの伝えたいことがくみ取りやすくなり、その言葉を理解しやすくなるようです※1。たとえば、赤ちゃんに「バナナはおいしいね」と語りかけるときは、「おいしい」ということはうれしいことだと伝えるように、にっこりと笑顔で、少し高めのトーンで話しかけてみてはいかがでしょうか。逆に、赤ちゃんが足をぶつけて「ここがいたいね」と慰めるときは、眉を寄せながら、声のトーンを少し下げると、感情を込めやすくなります。

※1 ※2 Trainor J Laurel and Austin M Caren and Desjardins N Renée.: "Is Infant-Directed Speech Prosody a Result of the Vocal Expression of Emotion?". Psychological Science. 11(3): 2000, pp. 188-195

「ドングリ何個あるかな？」散歩や食事の最中に、数の数え方を教えよう

語りかけ

学び

適用年齢の目安

0歳

1歳

2歳

慣れてきたら「赤いお花は何本あるかな？」「丸いパンはいくつあるかな？」など、色や形を指定して数を数えさせてみよう。

「私が子どものころ、母は『みかん何個食べたい？』『ドングリいくつ拾ったの？』など、食事や散歩をしながら数の数え方を教えてくれました。わざわざ勉強時間を設けてドリルをするのではなく、目に見える身近なものを使って教えてくれていたから、数への抵抗が少なかったようで1歳で100までの数を数えられたそう。また、早く数が数えられるようになったおかげか、算数への導入もスムースでした」（法学部卒／H・K）

子どもに数などの概念や言語を教えるには、日常生活の中で親が行うのがよいといわれています。※たとえば、子どもが食事中におかわりをしようとしたら、数を教えるチャンスです。「あと何個欲しい？」などと聞いてみましょう。この教え方なら、親もすき間時間を使って気負いなく取り組むことができるのではないでしょうか。まずは1〜10の小さな数から始めてみるのがおすすめです。

※ 大井 学：「子供の言語指導における自然な方法：相互作用アプローチと伝達場面設定型指導，および環境言語指導」（『聴能言語学研究』11巻1号）：1994, pp. 1-15

"ながら"育脳

9

赤ちゃんの大好きな歌を繰り返し聞かせて言語能力を伸ばそう

語りかけ

学び

適用年齢の目安

0歳

1歳

2歳

3歳

毎月何かテーマを決めて2〜3曲選び、繰り返し聞かせるのもおすすめ。

赤ちゃんが大好きなことのひとつに「歌」があります。音楽と言葉は脳の同じ部分で処理されるので、歌を聞くことで言語能力も伸ばすことができるといわれています。※

「生後すぐから子守歌や童謡を毎日歌いかけていました。そのおかげか歌が大好きになり、2歳ごろには5分間くらいの歌を歌詞もちゃんと覚えてひとりで歌っていました」（工学部卒／Y・Yの母）

音楽を流してもよいかもしれませんが、赤ちゃんがおなかの中にいるときから聞きなれている、ママやパパの声で歌ってあげませんか？　繰り返し聞くことで赤ちゃんはメロディーや歌詞を覚えます。赤ちゃんの表情や手足の動きなどをよく観察して「お気に入りの歌」を見つけ、時間のあるときに何度も歌ってみてはいかがでしょう。何を歌えばよいかわからないときは、インターネットで検索するのも手です。

※ Zhao Christina T, Kuhl Patricia K.: “Musical intervention enhances infants’ neural processing of temporal structure in music and speech”. Proceedings of the National Academy of Sciences. vol. 113(19): 2016, pp. 5212-5217

ながら育脳
10

語りかけ
学び

適用年齢の目安
0歳
1歳
2歳
3歳

×「車だね」
○「赤い車だね」
形容詞をつけて語りかけて

子どもは身近な人が言っていることを真似するので、親がさまざまな形容詞をつけて話しかけると、発語や語彙力アップに効果的。

子どもが単語を覚えて使えるようになるには、その単語を異なるタイミング、使い方で13～15回聞く必要があるといわれています。※また、いろいろな形容詞と一緒に聞くことで、子どもはその単語の使い方を覚えるのだとか。

つまり、単語を教えたいときは、ひとつの単語をいろいろな形容詞と一緒に、繰り返し語りかけるのがよいそう。たとえば車が道路を走っているのを見て「車が走っているね！」と言うだけではなく、「赤い車だね」「車は自転車よりも速いね」「大きい車だね」と語りかけるのがおすすめです。

「私は4人きょうだいの末っ子です。母は私が0歳のとき、1週間にひとつ私に教えたい単語を決め、上のきょうだいとともに『形容詞』＋『決めた単語』を話しかけるようにしていたそう。その結果、私も1週間程度でその単語を覚えた（発語前は指さしができるようになった）とか」（法学部卒／H・K）

※ Harvard Graduate School of Education. Small Kids,Big Words, https://www.hepg.org/hel-home/issues/24_3/helarticle/small-kids,-big-words

"ながら"育脳

11

語りかけ

学び

適用年齢の目安

0歳 1歳 2歳 3歳

「うさぎ『が』ぴょん」。『が』や『を』などの「助詞」ははっきりと！

絵本は助詞を強調して読もう！　日本人は助詞を聞くことで、あとに続く言葉を推測するのだとか※。

「お外　暑いね」「ごはん　食べようね」……。子どもに話しかけるとき、「が」「を」などの助詞を抜かしてはいませんか？　助詞は日本語の意味を正しく相手に伝えるための大切な役割を担っています。たとえば、「A　B　追いかけられた」だと、「AがBに追いかけられた」のか「AにBが追いかけられた」のかわかりません。助詞を意識することで、その文の意味を正確に表現することができます。

とはいえ、話し言葉を即座に変えるのは難しいもの。読み聞かせでは「うさぎ『が』、ぴょんぴょん、とんできて」など助詞を強調して読んだり、助詞が抜けていれば補って読むのがおすすめです。

「3歳のころにやっていたドリルで、文章に抜けている助詞を入れる問題が苦手でした。それを見て、母が絵本を読むときに助詞を意識的に読んだところ、問題を解けるようになり、文章表現も上手になったそうです」（法学部卒／S・W）

※ 村岡 諭：「日本語の文理解過程における目的語名詞句の格助詞の影響」（『認知科学』13巻3号）：2006, pp. 404-416

“ながら”育脳

12

生活習慣

好き嫌いをなくして脳の成長に欠かせない栄養素を摂ろう！

適用年齢の目安

1歳

2歳

3歳

きな粉や納豆などに含まれているレシチン、鯖などの青魚に含まれているDHA（ドコサヘキサエン酸）は、子どもの脳の成長に欠かせない栄養素といわれている※2。積極的に取り入れよう。

「物心ついたころから母が料理をする姿を見るのが好きでよく台所にいました。母は旬の食材を見せてくれたり、簡単なサラダを作らせてくれたりと、自然に食材に親しませてくれました。私が作ったものを両親が喜んで食べてくれることが本当にうれしく、子どものころから料理が好きでした。好き嫌いもほとんどありません」（経済学部卒／E・O）

好き嫌いをなくすことで、脳の成長に必要な栄養素も無理なくたくさん摂ることができるはず。子どもの好き嫌いは遺伝的な要因もありますが、幼いころから果物や野菜に親しみをもって触れる環境にいる子は、好き嫌いが少ない傾向にあるといいます[※1]。

実物に触れるだけ、調理のお手伝いをするだけでも食材に対する親近感がわくはずです。たとえば、トマトを洗う、レタスをちぎる、トウモロコシの皮をむく……、子どもでも簡単にできることを頼んで、食材に触れる機会を設けてみませんか。

※1 Leann L. Birch, PhD, Jennifer O. Fisher, PhD.: “Development of Eating Behaviors Among Children and Adolescents”. Pediatrics: 1998, pp. 539-549　※2 小山 浩子：『かしこい子どもに育つ！「育脳離乳食」』（小学館）：2018

"ながら"育脳

13

語りかけ

学び

適用年齢の目安

1歳

2歳

3歳

「ワンワン」「ブーブー」などの赤ちゃん言葉は使わない！

「3歳までに聞く単語数が、将来の学力やコミュニケーション能力に影響する」ということが、シカゴ大学のサスキンド教授の研究で明らかになっている※1。

子どもとの会話で気をつけたいこととして、東大卒ママの会でよく話題に出るのが次のふたつ。1、「状況説明を含めて具体的に会話をする」。2、「正しい日本語で話す」です。

子どもが「ブーブー」と机の上のミニカーを指して言ったら、「これが欲しいの？」と聞くのではなく「机の上にある、この赤い車が欲しいの？」と具体的にたずねたほうが、子どもはたくさんの単語に触れられます。東大卒ママの多くの親たちも「ブーブー」ではなく「車」と言い換えて、正しい日本語を使うように努めていたそうです。親がいつまでも赤ちゃん言葉を使っていては、子どもが正しい日本語を覚える機会がないと思ったからだといいます。

「私を含め東大卒ママたちは1歳半で約160語話していたそうです。私の息子も1歳半で約150語を発語したのは、この方法を実践した成果だと思っています」（農学部卒／Y・U）

※1 Dana Suskind, Beth Suskind, Leslie Lewinter-Suskind.: “Thirty million words:Building a child’s brain”, Dutton Books, 2015

"ながら"育脳

14

遊び

学び

適用年齢の目安

2歳

3歳

連想ゲームやしりとり……。言葉遊びは頭の回転を速くする

「『ぱ』から始まる言葉は何かな？」など大人が手助けすると、3歳ごろでもしりとりに取り組めるようになる※2。子どものレベルに合わせた単語を出して、集中力が途切れない工夫をしよう。

「娘は車の中でしりとりなどの言葉遊びをよくせがんできました。親にとっては長くつらい時間でしたが、そのおかげで娘はいろいろな言葉を覚えておしゃべりでしたし、頭の回転もよくなったのではないかと思っています」（経済学部卒／E・Oの母）

多くの東大卒ママは小さいころにたくさん言葉遊びのゲームをしています。まだひらがなが読めないころは連想ゲーム。これは親が「動物」とお題を出し、親子交互に「うさぎ」「ねこ」「ゾウ」……と、たくさんの言葉を探すことで語彙力を高めるゲームです。ひらがなが読めるようになったら、しりとりにレベルアップ。しりとりをするとき、子どもは相手のあげた言葉の映像と、次の頭文字となる文字を頭の中でイメージして言葉を繋げます。[※1] そのため単語数を増やすだけでなく、ひらがなの形と音を紐づけて学べます。単語を繋げられたときは達成感があるので、進んで取り組むはずです。

※1 ※2 高橋 登：「幼児のことば遊びの発達："しりとり"を可能にする条件の分析」（『発達心理学研究』8巻1号）：1997, pp. 42-52

“ながら”育脳

15

生活習慣

1日の予定を親子で一緒に考えて、計画性を育てよう！

適用年齢の目安

2歳

3歳

今日は公園で遊んでから
スーパーに行こうね
スーパー

数字が読めるようなら、時計の「短針・長針」で時間感覚を身につけさせよう。「短い針が3になったら買い物に行こうね」などと予告することで、子どもも納得して行動できる。

「娘が赤ちゃんのころから『今日は何をしようか？』と積極的に声をかけ、会話ができるようになってからは、一緒にその日の予定を決めていました。それが功を奏してか、小学生のときには自分で先々の計画を立てられるように。夏休みの宿題や自由研究の予定は自分で立てていたので、親としてはとても助かりました」（経済学部卒／E・Oの母）

東大生は、はじめに目標を設定し、それを達成するために、いつ何をすればよいのか計画を立てている人が多いように思います。幼少期から計画性を身につけるには、「公園で○時まで遊んだあとに買い物に行こうね」など、その日の予定を意識させながら生活するのがおすすめです。突然「公園はもうおしまい、帰るよ」と言われても子どもは納得できないもの。3歳ごろになったらその日の予定を親と一緒に考える練習を。繰り返すうちに、子どもは自ら判断して行動できるようになるといいます。※

※ 寺田 恭子，赤井 綾美，小杉 知江他：「『子どもの主体性を育てる』地域における子育て支援の課題」（『保育学研究』52 巻 3 号）：2014, pp. 379-390

"ながら"育脳 16

生活習慣

お皿運びや登園準備。家のお手伝いが考える力を伸ばす

適用年齢の目安

2歳

3歳

お手伝いをよくしている子どもほど、自己肯定感や道徳観・正義感などが高くなり、相手の立場に立って考えることができる傾向にあるというデータも※2。

子どもが自分の意思を表現できるようになったら、家のお手伝いをさせるのがおすすめです。役割を与えられることで、自分が役立つ人間であるという自己肯定感を高めることができるのだとか。また、役割を通して自分で創意工夫をこらすことで、考える力が育つという調査結果もあります※1。

最初は食後の皿運び、ハンカチ畳みなど1工程で終わる簡単な作業を。次に保育園の準備など複数工程の作業にすると子どもは取り組みやすいようです。また失敗しても怒らず、工夫したときにはほめて、工夫した理由を聞いてみるとよいと思います。

「3歳で保育園の準備をするとき、保育園で取り出しやすい順番を意識して準備したところ、親がその工夫に気づいて、とてもほめてくれました。それがうれしくて自信がついたことを覚えています。今でも、工夫すべき点はないかを考えてから行動に移すクセがついています」（法学部卒／H・K）

※1 ※2 国立青少年教育振興機構「青少年の体験活動等に関する実態調査」調査結果概要：2014, pp. 1-2

"ながら"育脳

17

会話

親子の会話が多いほど、次の展開を読める子になる!

適用年齢の目安

2歳

3歳

電車では「次はなんていう駅かな？」などの会話もおすすめ。親と楽しい時間を一緒に過ごした経験がある子どものほうが受験偏差値68以上の大学・学部を卒業したというデータがある※2。

私たちが行った東大卒アンケートでは、80％以上の人が「親とよく会話していた」という結果が出ました※1。

アンケートでは「**何かの感想を言ったあと、理由を聞かれたことが論理的に考えることに繋がった**」という声も。また、「**赤ちゃんのころから買い物の行き帰りはたくさん話しかけていました。電車でも車窓から見える風景でクイズを出したりして会話を楽しんでいました。そのためか娘はいつでも次の展開を考え行動できるようになりました**」（経済学部卒／E・Oの母）という親からの声もありました。

「お昼ごはんは何を食べる？」などの簡単な質問をするだけでも子どもは返答を考えなくてはなりません。子どもに考える時間を与える親子の会話は、脳にとてもよい刺激になるといいます。親子の会話を通じ、自分の考えを人に話す機会を増やすことで、先の展開を考え、答えを出せる子に育つそうです。

※1「幼児期、親と会話することが多いほうでしたか？」という設問に4段階で回答してもらったところ、83.3％が「多いほう」と選択。言葉遊びやなぞなぞが役立ったという回答が多くあった。　※2 内田 伸子：「学力格差は幼児期から始まるか？」（『教育社会学研究』100巻）：2017, pp. 108-119

「どんな?」子どもとのおしゃべりでは具体的な質問をしよう

子どもが単語を覚えるには13〜15回聞く必要があるといわれる（P32参照）が、聞くだけでなく、その言葉を何度も会話で使うことで忘れにくくなるそう※。

「私の親は、子どもとのおしゃべりが楽しくて、私に『どんな？』とたくさん質問していたそうです。そのおかげか口が達者になり、2歳で親と口げんかをしたといいます」（工学部卒／Y・Y）

「どんな？」と質問をすることで、子どもはたくさんの言葉を覚えられるのではないかと思います。子どもがおしゃべりするようになったら、「どんな？」とたくさん質問をしてみましょう。たとえば「犬がいた！」と教えてくれたら、「どんな色の犬だった？」「どんな大きさ？」というように。はじめは子どもが答えやすいよう、形や大きさといった質問を。次第に「どんな犬だった？」と聞くだけで「白くて丸くて大きな犬だった」と答えられるようになると思います。いろいろ答えられるようになったら、次は「どんな気持ちだった？」「どんなお顔で話していた？」など、感情も言葉で表現できるような質問へとレベルアップするのがおすすめです。

※ Karpicke Jeffrey D, Roediger III, Henry L.: “The Critical Importance of Retrieval for Learning”. Science, 319: 2008, pp. 966-968

"ながら"育脳

19

会話

学び

適用年齢の目安

2歳

3歳

寝かしつけ時に5分!今日の出来事をふりかえって、表現力を鍛えよう

大人が質問をして、子どもからの答えをうながすことで、子どもは感じたことをより具体的に伝えられるようになるそう※2。

「小さいころ、その日の出来事を親に話すのが好きでしたが、よく『大事だと思うところから話してごらん』と言われていました。はじめは苦労しましたが、そのうちうまく話せるようになり、小学生以降も国語が得意でした」（農学部卒／Y・U）

2歳を過ぎたら寝る前の5分間で、子どもとその日の出来事をふりかえってみてはいかがでしょう。たとえば、「保育園で何が楽しかった？」と子どもに聞きます。「お絵描き」と返ってきたら、「お絵描きの何が楽しかった？」と話を引き出します。はじめは聞かれたことに答え、頭に浮かんだままに話すだけかもしれません。でも、親が「それから？」「そのときどう思った？」と話を聞き、子どもの話を要約するうちに、子どもは親を真似て、感じたことや言いたいことを頭の中で整理して話すように。整理して話すことの積み重ねが表現力に繋がり、この表現力が国語力の基礎になっていくようです。※1

※1 文部科学省：『小学校学習指導要領（平成29年告示）解説　国語編』　※2 太田 友子：「幼児期における『振り返り』活動―幼小接続期におけるメタ認知に関する一考察―」（『大阪総合保育大学紀要』第12号）：2017, pp. 179-196

"ながら"育脳

20

会話

絵本を読んだら、内容を子どもにたずねよう！記憶力を鍛える訓練になる

適用年齢の目安

2歳

3歳

クマさんはどこにお出かけしたんだっけ？
えっと〜

絵本を読んだら、読みっ放しではなく、絵本について会話をしよう。

子どもが聞かれたことに答えられるようになったら、絵本を読み終えたあと、本を閉じて内容について質問したり、内容を要約してもらいましょう。脳の海馬が働いて、記憶力のアップに繋がるといわれています。[※1][※2] たとえば、「クマさんはどこにお出かけした？」「最初に誰と遊んで、最後はどうなった？」などと質問をすることで、子どもは一生懸命記憶をたどり、記憶にかかわる回路が鍛えられるそう。

子どもが回答に詰まっても、すぐに答えを教えるのではなく、思い出せるように絵を見せるなど、ヒントを与えるのがおすすめです。

「幼いころ、本の内容について親と話すのが好きでした。一度しか読んでいない本でも、親が1ページ飛ばして読むとすぐに正しいページの内容がいえるほどの記憶力だったのは、いつも本の内容について思い出す機会を与えてもらっていたからだと思います」（文学部卒／S・K）

※1 濱田（佐々木）幸恵：「記憶想起を標的とした前頭前皮質から海馬への制御機構」（『ファルマシア』52巻9号）：2016, p. 883　※2 Fiona McNab et al.: “Changes in Cortical Dopamine D1 Receptor Binding Associated with Cognitive Training.” Science323（5915）：2009,pp.800-802

column

4歳になるまでの

東大卒の読書事情と人気絵本3冊

東大生は本が好き。4歳になるまでの幼少期の読書量も多かったようです。
アンケートで見えてきた東大生の「読書事情」と、
上位にあがった「好きだった本」3冊をご紹介！

母親によると2歳半くらいから**友達と遊ぶより本が好き**でずっと読んでいたようです。

東大生 読書事情

国語力はすべての勉強の基礎。それが培われるのが幼少期からの読み聞かせ。アンケートでは特別な教育を受けていた東大生は少なかったが、読み聞かせをしてもらっていた人はとても多かった。

記憶にある限り**毎日数時間単位**で読んでいた。

3歳ごろは、毎晩寝る前に**絵本を2～3冊**読んでいた。

20冊程度の**読み物シリーズを繰り返し**何年も読んでいた。

3歳ごろは、**絵本など毎日10冊**は読んでいたと思う。

東大卒アンケート「『自分の育てられ方』について」より

東大生が「好きだった絵本」ベスト3

アンケートで上位を占めたのは、すべて大ロングセラーの絵本。東大卒ママの会のメンバーも大好きだった本ばかり。エピソードとともにご紹介！

1位 遠足、海、大掃除……。季節感や行事が学べる巻もある

『ぐりとぐら』シリーズ

作：中川李枝子
絵：大村百合子
出版社：福音館書店
発行部数：シリーズ全28作で2080万部

「カステラが卵からできていることを知ったり、料理の仕方を覚えたりしました。自分の子どもにも読み聞かせて一緒にお菓子を作ったりしています」

3位 日常生活をテーマにしたロングセラー！

『ノンタン』シリーズ

作・絵：キヨノサチコ
出版社：偕成社
発行部数：シリーズ全39作で3300万部

「リズミカルに繰り返し同じ言葉が使われていて、たくさんの言葉を覚えました。歯磨きやトイレなどをテーマにした作品もあり、生活習慣を教えるにも最適。息子に読み聞かせしていたらおむつが早く外れました」

2位 あおむしの成長だけでなく、曜日や数の概念も学べる！

『はらぺこあおむし』シリーズ

作：エリック・カール
訳：もりひさし
出版社：偕成社
発行部数：シリーズ全11作で840万部

「この絵本を歌のように読んでいたら、子どもがいつの間にか曜日を全部覚えていました。道ばたでサナギを見つけたときも『はらぺこあおむしだ』と言って興味津々の様子でした」

"ながら"育脳

21

親子のお話作りで「だから」「でも」など接続詞を使わせよう

会話

学び

適用年齢の目安

2歳

3歳

桃太郎は鬼をやっつけました
だから鬼はどうしたの？
だから鬼は痛くてなきました

子どもがお話作りに入り込みやすいよう、子ども本人や好きな動物を主人公にするのも手。また、ピクニックや鬼退治など、日常生活や絵本でよく出てくる場面をテーマに設定するのがおすすめ。

「娘は、小さいころからお話作りが好きでした。娘の物語を聞くときは、『だから』『でも』『そして』など正しい接続詞を使わせるよう心がけ、間違った接続詞を使ったときは言い換えていました。そうした習慣からか、娘は小学生のころから国語の読解問題が得意でした」（法学部卒／A・Mの母）

一場面の状況だけでなく、文と文の関係を理解させやすくしてくれる接続詞は、子どもに正しく使えるようになってほしいもの。子どもが接続詞を取り入れやすくなるのが、お話を語るときといわれています※。子どもとお話作りをするときは、接続詞を使って続きをうながしてみてはいかがでしょう。

たとえば、鬼退治のお話作りなら、「鬼がやっつけられたね。『だから？』鬼はどうしたかな？」と、聞いてみます。すると子どもは親を真似て、「『だから』、鬼は痛くて泣きました」と、接続詞を使って続きを語るようになると思います。

※ 西川 由紀子：「幼児の物語産出における『語り』の様式」（『発達心理学研究』6 巻 2 号）：1995, pp. 124-133

体験

学び

適用年齢の目安

2歳

3歳

プチトマトで家庭菜園。自然科学への関心を高めよう！

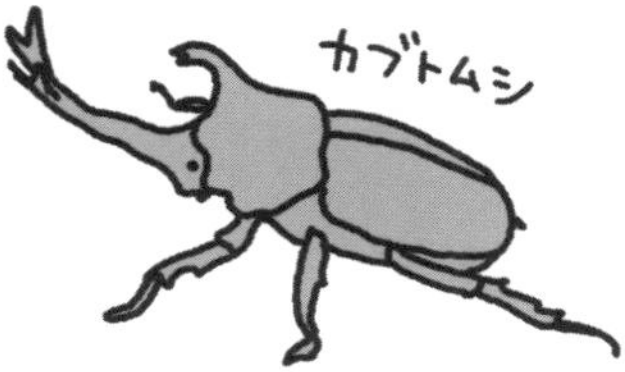

東大卒アンケートでは、カブトムシを育てていた人が圧倒的に多く、プチトマトなどの植物という回答も多数。カイコを育てていた人も。

東大卒アンケートでは、約4人に3人以上が「小さいころ、昆虫や植物を育てていた」と回答。幼少期から自然科学が身近だったようです。※1

「小さいころプチトマトを育てていたら、イモムシがサナギになり、最後はチョウになるという出来事がありました。それ以降、私の興味はトマトだけでなく、虫の進化にまで。それが理科の勉強への導入になりました」（農学部卒／Y・U）

家庭菜園なら、ベランダでも簡単に栽培できるプチトマトがおすすめ。自分で収穫して食べることができ、子どもが興味をもちやすいのも魅力です。「何色のお花が咲くかな？」などと成長を一緒に楽しむと、責任感や思いやりが育つともいわれています。※2　さらに「トマトと同じ季節に育つ野菜は何かな？」「トマトを食べる虫はいるかな？」などと絵本や図鑑で関連内容を調べながら、トマト以外の自然科学への興味も広げてみませんか？

※1 東大卒アンケートでは、昆虫や植物を「家で育てていた」人は、「保育園や幼稚園で育てていた」人の6倍強だった。　※2 新堀 左智，日高 文子，上地 由朗：「イネ栽培学習が幼児教育にもたらす影響と役割に関する検証」（『東京農業大学農学集報』60巻1号）：2015, pp. 18-27

“ながら”育脳

23

リビングに図鑑を置いて、「何」「なぜ」はすぐさま解決！

体験

学び

適用年齢の目安

2歳

3歳

東大卒に聞きました！

子どものころ、リビングにあって勉強に役立ったものはなんですか？

（複数回答可）

自由回答では、歴史の偉人や日本史、世界史の学習まんががあったという人が多数。「料理のレシピ本があり、それで数の計算や食材について学んだ」という回答も。

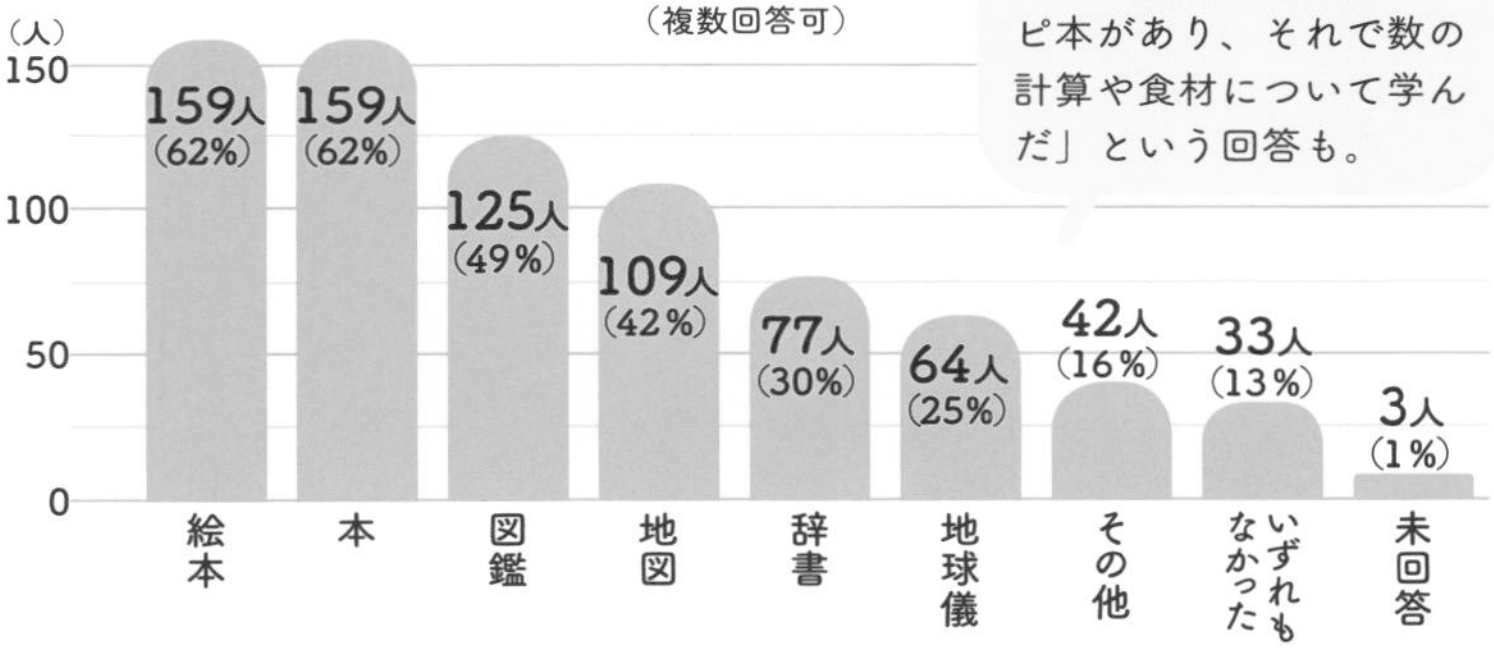

東大卒アンケート「『自分の育てられ方』について」より（%は小数点第一位以下を四捨五入）

「私の子どものころの愛読書は植物や山の図鑑。休日に裏山まで、図鑑で見た植物を父と一緒に探しに行くのが楽しみでした。そして、はじめて見る葉っぱなどは持ち帰って父と図鑑で探しました。わからないことを調べる楽しさを知ったのはこのときだと思います」（法学部卒／M・Y）

子どもが「これは何？」「なぜ？」と聞くときが、物事を教えたり、調べる習慣づけをするチャンス！　興味をもったとき、すぐに読めるようリビングの本棚に図鑑を置いておくのがおすすめです。そうすれば、家事中でも「図鑑を持ってきて」「動物のページを探して」と、対応が可能です。字が読めるようになるまでは写真やイラストが多い図鑑を。地理的な質問用に地図や地球儀もあると便利です。

これらはスマートフォンと違い、子どもが満足するまで自由に触れさせることができるのが魅力。興味をもった内容の関連事項も調べられます。

column

東大卒アンケート

勉強に役立ったと思うものは!?

東大卒ママやパパたちがアンケートで回答した「勉強に役立ったと思うもの」。3歳までの記憶ではなさそうですが、なるほど！　と思えるコメントもいっぱい！

「スーパーファミコン」

「ぷよぷよやテトリス、ドンキーコングといったゲーム。攻略法を考えることで、論理的思考が身についた」

「ゲームの桃太郎電鉄で地理を覚えた」

「カードゲーム」「囲碁」

「戦略の立て方を学んだ」
＊花札、トランプをあげた人も多数。

「PC（パソコン）」

「自然にブラインドタッチを習得でき、情報収集能力が高まった。余談だが、プログラミングの重要性が高まっている今、ＰＣ環境は必須と考えている」

「新聞」

「親の読み終わった新聞」
「かなり小さいころから触れていたのは役立ったと思う」

「百科事典」「科学雑誌」「歴史もの」……etc

「週刊 かがくる」「科学と学習」
「ナショナルジオグラフィック」
「歴史年表」「まんが偉人伝」「まんが図鑑のようなものをジャンル別にファイリングしていた」
＊これらをあげた人多数。

「レゴ」「プラレール」

「自由に組み立てられるもので、たくさん遊んだ経験は、数学や物理の空間把握力に大きく影響したと思う」

その他、おもしろ回答は……

「時刻表」「壁時計」「ワープロなどの取扱説明書」
「森高千里の『ロックンロール県庁所在地』で県庁所在地を覚えた」

東大卒アンケート

column

役に立った親子の会話

アンケートの回答から、東大OB・OGの記憶に残る
「学び」に直結して役立った親子の会話をピックアップ！

ドライブ中

看板の漢字読み当てをするゲーム。 — 漢字脳

車のナンバーを合わせて10にする遊び。 — 算数脳

散歩や買い物中

物を指さして名称を当てるゲーム。 — 言葉脳

親が買い物カゴに入れた商品を暗算。 — 算数脳

知らない漢字に出合うと親に聞いて教えてもらった。 — 漢字脳

家の中

お風呂で100まで数えた。 — 算数脳

物の名前を英語で言うゲーム。 — 英語脳

歴史の年号の語呂合わせ。 — 歴史脳

本で覚えた知識やその分野のクイズを親と出し合う。 — 雑学脳

これも聞いてみた　東大卒は幼稚園や小学校でお受験するの？

どのタイミングで受験しましたか？（複数回答可）

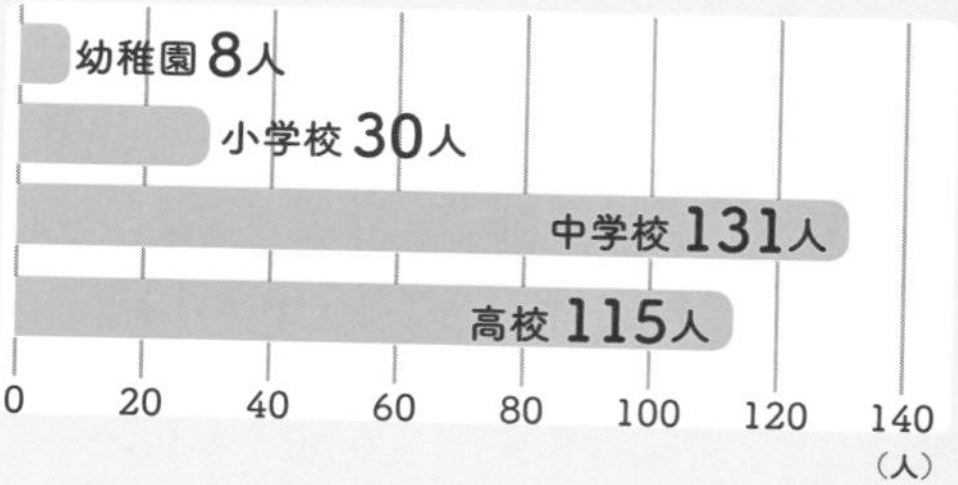

幼稚園や小学校で「お受験」した東大生は少なく、一番多いのは中学校受験。習い事のアンケート（P156参照）でも、半数ほどが習い事をせず過ごしており、幼児期は特別な英才教育を受けたり、勉学に励んでいた人は少ないようだ。

東大卒アンケート「『自分の育てられ方』について」より

2章

遊びの中で〝意識して〟育脳

"意識して"育脳 1

生活習慣 / 学び

適用年齢の目安 0歳

英語の教えどきは「r《アール》」と「l《エル》」の違いがわかる生後6〜12か月ごろ

朝や寝る前など、毎日決まった時間帯にCDやDVD、YouTubeなどで聞かせることから始めると取り入れやすい。

「私が0歳のころから、親は英語のCDやビデオを流していたといいます。小学生のころアメリカに引っ越して数年暮らしていましたが、現地校の英語の補習クラスを同級生より早く卒業できました。赤ちゃんのころから英語を聞き、英語の音に慣れていたおかげかもしれません」（法学部卒／A・M）

日本人は、英語の「r」と「l」の聞き分けが苦手だといわれています。でも、日本人も生後6〜8か月のころは、「r」と「l」を含め、あらゆる音の違いを聞き分けられるそう。しかし、生後10〜12か月のころから、耳にする頻度が低い音は識別されなくなっていくのだとか※。

あらゆる音を聞き分けられる生後6か月ごろから、親も口ずさんだりリズムにのったりしながら、英語の童謡を聞かせたり、アニメを見せるのがおすすめ。英語のリスニング能力が高まり、歌詞やセリフで単語や言い回しを覚えることも。

※ Kuhl K Patricia.: “Early Language Learning and Literacy : Neuroscience Implications for Education.” Mind, Brain, and Education. 5(3): 2011, pp. 128-142

入れ子のコップかさねで空間認識力・集中力を養おう

子どもは物を直接触って、物の大小や形を学んでいくことが研究でわかっている※。コップかさねでどんどん遊ばせよう。

「市販のコップかさねのおもちゃ。これはほとんどが約10個のコップのセットになっています。多くの東大卒ママの家にもあったらしく、私自身もおすわりができるようになったときから遊んでいました。私の場合、まずは大小2個をペアで遊ぶことから始めて、できるようになったら数を増やしていったそうです。このコップかさねが、座って何かに集中して取り組むきっかけになったのかもしれません」（農学部卒／Y・U）

コップかさねは簡単に見えますが、大きさの違いを理解し、はめ込むときには両手を上手に使えないとうまく遊べないおもちゃです。そのため空間を認識する力・両手を同時に使う力・集中力をまとめてトレーニングすることができるといわれています。最初は親が一緒に遊びながらお手本を見せるのがおすすめです。

※ 湯澤 正通，湯澤 美紀：「乳幼児期の数量の概念変化」（『Japanese psychological Review.』Vol.54. No.3）：2011, pp. 283-295

体験

基礎力

適用年齢の目安

0歳 1歳 2歳 3歳

絵本を読んだら本物に会いに行こう!

本物に触れると五感のすべてが使われ、脳の広い範囲が刺激されるといわれている。たとえば触覚は頭頂葉、聴覚は側頭葉、嗅覚は大脳辺縁系の嗅覚野が刺激されるよう※2。

ゾウ、森、海……。絵本にはふだんなかなか見ることのできないものがたくさん出てきます。絵本を読んだらぜひ本物を子どもと見に行きましょう。本物を見ると好奇心が刺激され、探究心を伸ばせるといわれています。[※1]

「動物園で本物のライオンを初めて見たときとても印象に残り、家で何度も真似をして遊んでいました。マフラーをしっぽに見立て、プリーツのスカートをかぶってたてがみの代わりにし、親に『似ている？』と確認したようです。その後もライオンを見る機会があれば食い入るように観察しました。本物のライオンの迫力に惹かれて、好奇心、想像力が刺激されたのだと思います」（**法学部卒／M・Y**）

本物を見たあと、「これは何？」「なんでこうなっているの？」と疑問に思った子どもが質問してきたら、今度は本や図鑑などを使って子どもと一緒に調べてみるのがおすすめです（P60参照）。

※1 ※2 西田 耕之助：「脳とにおい」（『環境技術』22 巻 10 号）1993, pp. 604-607

"意識して"育脳

4

生活習慣

基礎力

子どもが好きなキャラクターはどんどん学びに繋げよう！

適用年齢の目安

0歳

1歳

2歳

3歳

東大卒の声

意外に役立ったキャラクター

ポケモンの名前で動物の英語を覚えた。

ドラクエで英語を覚えた。

戦隊もので、恐竜や昆虫の名前を覚えた。

ジュウレンジャーで恐竜の知識を得た。

ドラえもんの四次元ポケットから、次元の意味を知った。

その他……大きくなってからだけど

エヴァンゲリオンで聖書のことをいろいろ学んだ。

「信長の野望」で歴史の人物や旧国名を覚えた。

東大卒アンケート
「『自分の育てられ方』について」より

「幼いころ、大好きな『美少女戦士セーラームーン』の絵本やアニメを見て、惑星や星座の名前を覚えました（東大卒アンケートでも回答多数※）。『好きなキャラクターの絵本を読みたくて、ひらがなを覚えた』という友人もいます」（農学部卒／Y・U）

好きなキャラクターがからんだときの、子どもの真剣さに驚いたことのある方は多いのではないでしょうか。大好きなキャラクターの人形と一緒に知育に取り組んだり、筆記用具にキャラクターのシールを貼ったりするだけでも、子どもは「やってみよう！」という気持ちになるはず。「キャラクターは使ってもよいのだろうか？」とためらわず、積極的に取り入れて楽しく学ぶ機会を作ってみませんか。

「キャラクターの出身地を調べよう！」と地図を出す、「このキャラクターの名前はなんて読むのかな？」とカタカナ表を開いてみるなど、子どもの好奇心をどんどん学びに繋げることもできます。

※ 東大卒アンケートでは、「子どものころ、好きなキャラクターはありましたか？」という設問に、78.4％の人が「はい」と回答した。

“意識して”育脳

5

遊び

飛行機ブーンやお馬さんごっこ。思いきり体を動かせば記憶力がアップ！

適用年齢の目安

0歳

1歳

2歳

3歳

赤ちゃんを手とすねや足の裏に乗せる「飛行機ブーン」もおすすめ。

子どもは遊ぶのが仕事とよくいわれますが、体を動かして遊ぶことで脳の「海馬」という場所の容積が増え、学習や日常生活に不可欠な記憶力が上がることが研究でも明らかになっています。※

「母は、私が小さいころ『たくさん体を動かすこと』を意識して子育てをしていたそうです。毎日公園に行き、家の中でもおもちゃのジャングルジムや鉄棒で遊ばせていたと言っていました。大人になって調べてみると、体を動かすことが脳の成長をうながしていたのだとわかり、改めて母に感謝しました」（工学部卒／Y・Y）

公園など屋外で思いきり体を動かして遊ぶのはもちろん、家の中でも親子で体を動かして遊んでみては？　大人が四つん這いになって背中に子どもを乗せる「お馬さんごっこ」、大人の体によじ登ったりぶら下がったりする「人間ジャングルジム」などは東大卒ママたちも大好きでよくやっていた遊びです。

※ Khan Naiman A, Hillman Charles H.: "The Relation of Childhood Physical Activity and Aerobic Fitness to Brain Function and Cognition: A Review". Pediatric Exercise Science, 26: 2014, pp. 138-146

東大卒ママも
やっていた！

column

おすすめ！ 体を動かす室内遊び

外で思いきり遊ばせたいけれど、雨などで外に行けない日はあるもの。
そんなときに室内で簡単にできて、東大卒ママも楽しんでいた
子どもが大喜びする遊びを成長期別にご紹介！

おすわり時期から

段ボール電車でがたんごとん

［遊び方］
①段ボールの側面に穴を開け、穴にリボンを通してしっかりと結ぶ。
②子どもを段ボールの中に入れ、大人がリボンの片端を持って引っ張る。きょうだいがいるなら、お兄ちゃんやお姉ちゃんに引っ張ってもらっても。

ユラユラが楽しい！ ブランケットのハンモック

［遊び方］
①ブランケットを床に広げて敷き、子どもをその中央に乗せる。
②大人が２～４人でブランケットの四すみをしっかりと持ち、ブランケットを少し浮かせて左右にユラユラと揺らす。

●遊ぶときはケガをしないよう充分に注意を。段ボールのホチキスを取り除く、マットの上で行うなどの工夫をし、同時に、必ず大人がそばにいてください。

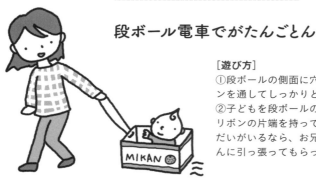

ハイハイができるようになったら

くぐって遊ぼう！ 段ボールトンネル

［遊び方］
①大きめの段ボールの上部と底部分を広げ、切り取るか折り込む。
②横に倒してトンネルのようにし、その中をくぐらせ遊ばせる。①を何個か連結させたり、出入り口にのれんのように布を垂らしたり、側面に窓（四角形や丸形に切り抜く）をつけて通る子どもを外から触ったりすると楽しさが倍増！

上手に歩けるようになったら

上手に登れるかな？ 凸凹階段

［遊び方］
①丈夫な箱や低いイスなど、子どもがよじ登っても体重を支えられる安全なものを集める。
②①をすき間ができないように並べて凸凹の階段のようにし、上り下りして遊ばせる。バランスをとるのが上手になったら、途中にクッションなど硬さの違うものを入れるのもおすすめ。

東大卒ママエピソード	「私の子どもは、ハイハイをするころから家の中で少しでも高さがあるものを見つけてはよじ登っていました。凸凹階段を作って遊ばせていたら、同学年の子よりも塀によじ登ったり、飛び降りたりするのが得意になっていました」（法学部卒／M・Yの母）

"意識して"育脳

6

学び

赤ちゃんは原色が好き。国旗で遊ぼう

適用年齢の目安

0歳

1歳

2歳

3歳

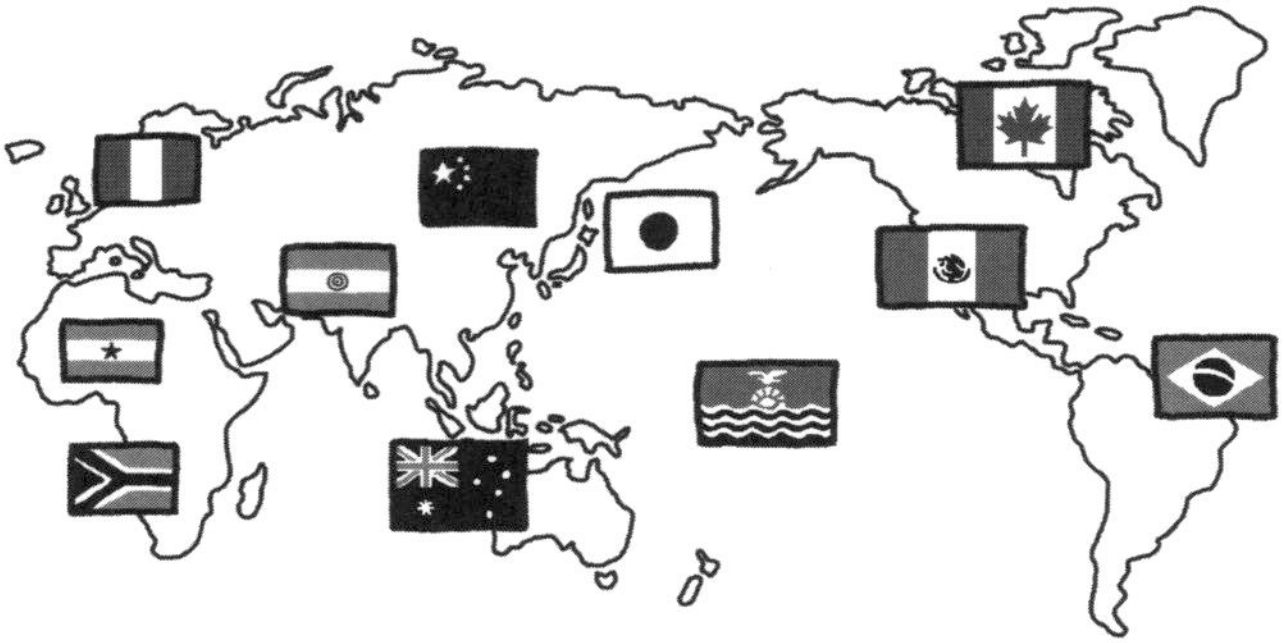

子どもにとって、街中の看板やテレビ番組に知っている国旗や国名が出てくるのはうれしいもの。その国や地域への興味がわきやすく、地理の関心に繋がることも。

赤ちゃんの色の認識ははっきりした色の原色から。生後2か月ごろには赤と緑、生後4か月ごろには青色と黄色の違いがわかるようになってくるといいます。※そこでおすすめなのが、原色が使われている国旗を使った知育遊びです。

「幼いころ父とよく国旗を覚えて遊んでいました。街中で『フランスの国旗だ！』と言うと、『小さいのによく知っているね』と周りからほめられたのがうれしくて、国旗や地理への興味がますます広がりました」（農学部卒／Y・U）

東大卒ママが自分の子どもに実践しているおすすめの遊び方は、0歳ではいろいろな国旗カードを見せる。1歳ではカードを数枚見せて、「どれがフランスの国旗かな？」と指さしさせる。2歳では国旗名を当てさせる。3歳では地球儀を使って「フランスはどこかな？　フランスはパンがおいしいよ！」などとプラスαの知識を教えるというものです。

※ Yang Jiale,et al. : “Cortical response to categorical color perception in infants investigated by near-infrared spectroscopy”. Proceedings of the National Academy of Sciences. vol.113(9): 2016, pp. 2370-2375

"意識して"育脳 7

遊び

学び

適用年齢の目安

0歳

1歳

2歳

3歳

積み木遊びで試行錯誤の体験を

頭の中で図形のイメージを回転させるとき、物事をいろいろな視点から考える力が働くことがわかっている※。東大卒アンケートでは、レゴやブロックで遊んだという回答も多い。

「0歳のときから積み木をかさねて遊ばせていました。ひとつの問題に別の視点から取り組んで解決する力は、積み木で試行錯誤をした経験が影響しているのかもしれません」（農学部卒／Y・Uの母）

いろいろな大きさや形の積み木をかさね、崩れないよう子どもが試行錯誤する時間は「育脳」に大切なのだとか。このとき、頭の中では立体のイメージを回転させる能力（メンタルローテーション）が鍛えられているといいます。この力は、「問題をいろいろな角度から見て解決する力」や「他人の立場に立って気遣いできる力」に繋がってくるのだとか。そして訓練することで鍛えられる能力であることもわかっています。

ときには親がサポートをして、上手に積み上げられたら一緒に喜ぶと、子どもはさらにやる気になります。年齢が上がってきたら、積み木でお城や電車などを作るのもおすすめです。

※ Irina M Harris, Carlo Miniussi.: “Parietal Lobe Contribution to Mental Rotation Demonstrated with rTMS”. Journal of Cognitive Neuroscience. 15(3). May: 2003, pp. 315-323

"意識して"育脳 8

遊び

基礎力

適用年齢の目安

0歳

1歳

2歳

3歳

指先を使った遊びで脳を活性化させよう！

5歳児を対象にした研究では、手先が器用な子どものほうが計算問題が得意という結果も出ている※2。

珍しく静かだなと思ったら子どもが夢中になってティッシュ箱からティッシュを引っ張り出し続けていた、という経験はありませんか？　親にとっては困るイタズラですが、実はティッシュを指で引っ張り出すなどの指先を使う動作は、脳を刺激し、子どもの集中力を高めるようです。さらには、器用になり、情緒の安定性や協調性も高まることも研究によりわかっています[※1]。子どもが指先を使って遊んでいるときは止めずに見守りましょう。

「娘が3歳ぐらいのころ、私が家で仕事のメモをとっていると『一緒に勉強する！』と言い、イスを並べて鉛筆で小さい丸を紙いっぱいに書いていました。1時間も書き続けていたので、その集中力に驚いたのを今でも覚えています」（法学部卒／M・Yの母）

※1 川端 博子，鳴海 多恵子：「小学生の手指の巧緻性に関する研究―遊びと学習面からの一考察―」（『日本家政学会誌』60 巻 2 号）：2009, pp. 123-131　※2 浅川 淳司，杉村 伸一郎：「幼児における手指の巧緻性と計算能力の関係」（『発達心理学研究』20 巻 3 号）：2009, pp. 243-250

東大卒ママもやっていた！

column

おすすめ！ 指先を使った育脳遊び

「第二の脳」といわれる手をたくさん使わせよう！
子どもが楽しみやすい指先を使った遊びを成長に合わせてご紹介。

つまんでビリビリ

新聞紙やチラシなど不要になった薄い紙を好きにつまませ、破らせよう。上手に破けなかったら、破き始める部分に少し切れ目を入れておくと破きやすい。

おすわり時期から1歳ごろまで

「つまむ」ことでできる遊びを。赤ちゃんは手をグーにしていることが多いけれど、次第に親指、人差し指、中指が使えるようになる。この3本の指を使うのは鉛筆を持ったり、お箸を使うための第一歩。どんどん遊ばせて。

ボタンかけ

はじめは、親が半分だけ穴に通してからボタンを引っ張る練習を。穴を大きく広げてもいいように古着のカーディガンなどを使うのがおすすめ。

1歳ごろから

1歳ごろになると指先もだんだん器用になってくる。指先遊びもレベルアップして、「つまむ」に別の動作が加わることにチャレンジ！

●遊ぶときはケガをしないよう充分に注意を。物を使うときは、子どもにやってはいけないルールなども教え、必ず大人がそばにいてください。

ハサミを使う

まずは手と刃の動きを教えるところから。そしてハサミの刃を動かせるようになったら、紙を切る練習を。ハサミは、安全性が高く、子どもでも動かしやすいように工夫された子ども用のハサミがおすすめ。

トングでつまむ

手から離れたところで「つまむ」「はなす」作業。用意するのは、料理用のトング、豆（つまむ物）、入れる容器、皿。皿に豆を入れたら、子どもにトングでつまんで、容器に移させよう。

2歳ごろから

次第に手先をうまくコントロールして道具を使いこなせるようになる。このころは親の真似をしたがるタイミング。一緒に遊ぶように取り組んで。

ゴムで縛る

ゴムで縛る作業は、片手で物を持ち、片手で「引っ張る」「ねじる」「引っかける」という複雑な動作。子どものお気に入りの布の端、ぬいぐるみや人形の髪を輪ゴムで縛らせるのがおすすめの練習法。

"意識して"育脳

9

生活習慣

遊び

適用年齢の目安

1歳
2歳
3歳

「ありがとう」「おはようございます」人形遊びで対話力を身につけよう

人形を使ってあいさつの練習をするときは、声色を変えたり、おじぎなどの仕草を伴わせたりすると、子どもが状況をより理解しやすくなる。

対話力の基本といわれているあいさつ。状況に応じたあいさつをきちんとできるようにすることは、相手の気持ちや状況を理解して話す対話力を磨く第一歩です。対話力は、著者の言いたいことをくみ取って文章の内容を理解したり、その内容を自分の経験や知識と結びつけて考えたりする国語力にも結びつくと考えられています。※1

ぜひ身につけさせたいあいさつ習慣は、幼少期ならお気に入りの人形を使うのも手。子どもが親しみやすい人形には、特に1~3歳の子どもの反応や行為を引き出す効果があるそう。※2 親が一緒に人形遊びをし、「ありがとう」「おはようございます」など率先して話しかけるのがおすすめです。

「母は人形遊びのときも、あいさつの場面をたくさん取り入れていたとか。そのおかげか、うながされずとも、状況に応じた適切なあいさつができる子だったようです」（法学部卒／A・M）

※1 文部科学省：『小学校学習指導要領（平成29年告示）解説　国語編』　※2 大塚 穂波：「乳幼児を対象とした実験研究における人形の役割」（『心理科学』第38巻2号）：2017, pp. 64-76

"意識して"育脳
10

学び

「山」「川」……。ひらがなよりも漢字が覚えやすい!

適用年齢の目安
1歳
2歳
3歳

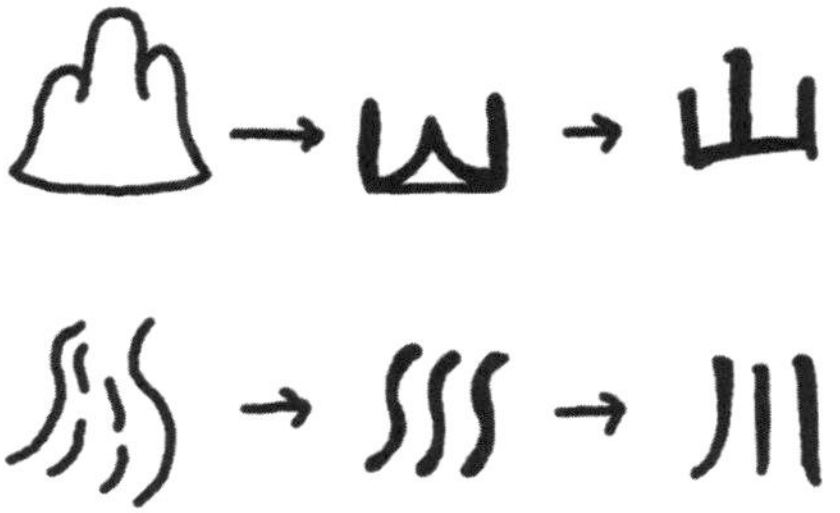

幼児は、漢字を「読む」ことは困難ではないと、研究で判明している※。

「2歳のころ『西瓜《すいか》』という漢字が読めて、周りからほめられたことがうれしかったのを覚えています。それが漢字を好きになるきっかけとなりました」（法学部卒／D・Y）。「漢字に出合うと親に聞いて教えてもらっていた」（東大卒アンケートより）

子どもにとって漢字を「書く」ことは難しくても、「読む」ことはひらがなよりも簡単だといわれています。ひらがなは1文字では意味をもちませんが、漢字は1文字でも意味をもつため、子どもは覚えやすいのだとか。特に「山」「川」などの象形文字は、連想しやすい絵柄がそのまま文字になっているので、なおさら覚えやすいそうです。

これら象形文字のほか「駅」や「氷」など、日常生活の中で目にする漢字は、子どもも興味をもちやすいので、ぜひ教えてみてください。また、市販の漢字カードを活用するのもおすすめです。

※ 針生 悦子：「幼児における漢字とひらがなの読字学習」（『教育心理学研究』37 巻 3 号）：1989, pp. 264-269

"意識して"育脳

11

電車のおもちゃで地理名人

遊び

学び

適用年齢の目安

1歳

2歳

3歳

好奇心が刺激されるほど、そのときに覚えた内容が記憶に残りやすいことが、カリフォルニア大学の神経科学者らの研究で証明されている※2。

「幼いころから電車のおもちゃが大好きで、親が『この電車は〇〇県を走っているよ』と教えてくれたことから、都道府県名を覚え、小学生のころにはもっと詳しく知りたい！と自ら進んで社会科を勉強するようになりました」（経済学部卒／S・Y）

せっかく電車のおもちゃで遊ぶなら、その電車が何県を走っているか教えてみませんか？「新幹線のこまちは東京から秋田まで走っているよ」と言って、地図上で東京と秋田の場所を教えると、子どもはすぐに覚えてしまうと思います。さらに「秋田には、〝あきたこまち〟っていうお米があるんだ。〇〇くんの好きなおにぎりもお米でできているよね」と話を発展させるのもおすすめです。

人は好きなこと、興味のあることのほうがよく覚えるそうです[※1]。地理など社会科の勉強も、子どもが覚えやすいよう、子どもの好きな電車のおもちゃと関連づけて教えませんか？

※1 ※2 Gruber MJ and Gelman BD and Ranganath C.: “States of curiosity modulate hippocampus-dependent learning via the dopaminergic circuit”. Neuron. 84(2): 2014, pp. 486-496

"意識して"育脳

12

遊び

学び

適用年齢の目安

1歳

2歳

3歳

かるたや五七五遊び。リズミカルな文は覚えやすい！

韻を踏んだ文章や「犬も歩けば棒に当たる」などのリズミカルな文章は、聞き分ける力を高め、語彙力や読解力の発達をうながすそう。また五七五で文章を作る遊びもおすすめ※2。

子どもが意味のある単語を使い始めたら、かるたや五七五の俳句カードなどで遊ぶのがおすすめです。ふだん使わない単語（たとえばカワズ＝カエルなど）も出てくるので、子どもの語彙力が伸ばせます。また、かるたの読み札は昔からの言い回しでリズムをもっている場合が多く、子どもにとっては覚えやすいのだとか※1。

最初は子どもが好きなもの（電車や動物）をモチーフにしたかるたから始めるのがよいと思います。親が読み札を読み、書いてある絵柄を教え、子どもに札を取らせましょう。それができるようになったら親が上の句を読み、子どもに下の句を答えさせます。読み札を見せればひらがなを覚える練習にもなると思います。

「幼少期から親とかるたをしていました。ひらがなを覚えるきっかけになりましたし、勝ち負けの悔しさや楽しさも学びました」（法学部卒／H・K）

※1 ※2 Snow, C. E., Burns, M. S., Griffin, P.: “Preventing Reading Difficulties in Young Children”. National Academy of Sciences-National Research Council: 1998, pp. 41-84

遊び

基礎力

適用年齢の目安

1歳

2歳

3歳

迷路のドリルや本を使って、算数脳を育てよう!

迷路を解くこと自体は2歳ごろから可能になり、解くことで先を読むという論理的思考が育つことが研究でわかっている※2。

「私は2歳のころ、兄が遊んでいた迷路の教材を上からなぞったことをきっかけに、迷路に熱中するようになったそうです。小学生のときから算数が得意だったのは、幼少期の迷路遊びが基盤になっていると思います」（農学部卒／A・C）

迷路でどうしたらゴールにたどり着けるかを考えることで、論理的思考が育ち、算数が得意になるといわれています[※1]。さらに、迷路で線を描くことで、鉛筆をうまく使えるようになる運筆力も鍛えられ、それがひらがなや漢字を書く基礎作りにもなるのだとか。

東大卒アンケートでは、約83％が幼少期（小学生以下）に迷路のドリルや本を活用していて、そのうちの約半数が3歳までに導入していたという結果も出ています。まずは直線を描くだけのような簡単なものから始めてみませんか？

※1 ※2 守屋 誠司：「幼児の迷路描き能力に関する研究」（『東北大学博士論文』，甲第7569号）：2000（未公刊）

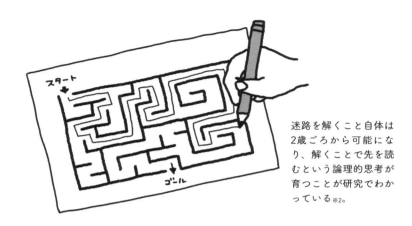

"意識して"育脳

14

遊び

基礎力

適用年齢の目安

0歳

1歳

2歳

3歳

型はめやジグソー。「パズル」で集中力を鍛える！

まずは持ちやすく簡単な型はめのパズルから。最初は「回してはめてごらん」などヒントを出して手助けしよう。東大生には都道府県パズルも人気。

パズルは気軽に集中力を鍛えられるといわれています。[※1] 東大卒アンケートでは6割以上の人が幼児期に比較的よくパズルで遊んでいたという結果に。また、パズルで遊んでいた人のうち4割以上が3歳になるまでに取り組んでいました。[※2]

まだ絵を認識しにくく手が小さい1歳の子どもには、大きい持ち手がついた型はめのパズルがおすすめ。1歳半から2歳ごろは絵を認識できるようになるので、ジグソーパズルに挑戦しても。ピースが大きく、10ピース程度の簡単なものもあります。熱中できるのであれば、ピースが少なくても、同じパズルを繰り返しても、集中力が鍛えられるそうです。

「物心つくころから、大晦日には家族で1000ピースのカレンダーパズルを完成させるのが恒例でした。パズルで集中力が鍛えられたのか、宿題などやると決めたことを集中してやり切るのは得意でした」（法学部卒／A・M）

※1 濱田 桂太朗，渡 裕一，松下 兼一：「環境を考慮したADL訓練により在宅復帰した高次脳機能障害者の一例」（『九州理学療法士・作業療法士合同学会誌』）2002巻：2003, p. 20　※2「パズルで遊んでいた方へ。何歳ごろからパズルに取り組んでいましたか（型はめを含む）」の設問（0歳、1歳、2歳、3歳以上の4択）に約7.8%の人が「0歳」と回答。

"意識して"育脳

15

生活習慣

学び

適用年齢の目安

2歳

3歳

カレンダーにシール貼り。日付や曜日の概念を身につけよう！

子どもはシール貼りが大好き。曜日や用事ごとにシールの種類や色を変えると、よりわかりやすくなる。カレンダーは、四季をイメージしたものがおすすめ。月と季節を結びつけやすい。

「3歳ごろから、親に『今日は好きなテレビ番組をやっている○曜日だね』『あと○日で動物園に行けるね』と声をかけられながら、毎日カレンダーの日付に印をつけていたそう。会話に曜日や日付を取り入れられるようになってから、過去の出来事や来週の計画の話をするなど、会話内容が広がったと聞いています」（法学部卒／A・M）

曜日や日付は目に見えないので、子どもには理解しづらい概念です。子どもが数字を読めるようになったら、毎日カレンダーにシールを貼らせてみてはいかがでしょうか。その日の日付を探してシールを貼らせながら「○曜日だから習い事の日だね」「明日はお祭りだね」などと話しかけます。カレンダーを使うと、数字の1から順に進んでいく日付や曜日の規則性、周期的に替わる月など、曜日や日付のパターンや連続性を目でとらえられるため、わかりやすくなるのだと思います。※

※ Burk Donna, Snider Allyn, Symonds Paula.: "Box It or Bag It Mathematics: Teachers Resource Guide, Kindergarten". Salem, OR: The Math Learning Center, 1988

適用年齢の目安
2歳
3歳

「神経衰弱」ゲームが短期記憶を鍛える！

絵柄がかわいい動物などの絵合わせカードは導入におすすめ。慣れてきたらペアを増やそう。3歳以降、数字に興味をもち始めたらトランプを使って。

「幼い子どもにはまだ早いかな」と思わずに、神経衰弱は早くから取り入れるのがおすすめです。2歳ごろには、同じ絵柄を見つける絵合わせカードであれば5ペアほど見つけられると思います。

「幼いころ親戚が集まると神経衰弱をしていました。大人が真剣勝負で挑んでくれたので競争心が煽られ、ゲームに一生懸命取り組め、集中力や記憶力の向上に繋がったと思います。何より記憶することが楽しい経験になったので、その後の勉強にも役立ちました」（経済学部卒／E・O）

神経衰弱は脳のワーキングメモリを使うのだとか。※これは、会話の際に相手の話すことを理解しながら、質問やあいづちの仕方を考えるといった、ごく短期間の記憶を保つ脳の働きのこと。この能力は会話、読み書き、計算など日常生活でも役立つといわれています。つまり神経衰弱ゲームで、そうした短期記憶の能力を鍛えられるというわけです。

※ 篠塚 勝正：「言語脳科学に基づく第２言語習得の考察」（『成城英文学』32号）：2008, pp. 1-18

“意識して”育脳

17

遊び

基礎力

適用年齢の目安

2歳

3歳

ピアノ演奏など音楽体験が集中力を伸ばす

曲に合わせて太鼓やタンバリンをたたくのもおすすめ。音楽に触れると、記憶にかかわる海馬や前頭葉、運動機能をつかさどる運動野が活性化するといった研究結果もある※2。

2歳を過ぎたら子ども自身に楽器を演奏させるのがおすすめです。

研究によると、自分で楽器を演奏することで子どもは夢中になり、集中力が養われるそうです。※1 子どもの手の大きさに合った子ども用ピアノやピアノ絵本（鍵盤がついていて、音が出るもの）などを使って、まずは簡単な童謡を親が弾いて子どもに真似をさせてみてはいかがでしょうか。最初は「ド」の音に印をつけておくと、「『ド』レミ『ド』レミ」「『ド』レミファミレ『ド』」と弾きやすくなるのでおすすめです。また、ピアノなら手指を使うので、脳の発達がさらにうながされると思います（P82参照）。

「3歳からピアノを習い、大学卒業まで続けました。幼いころから毎日1時間ピアノの前に座って練習する習慣もあり、勉強の際にも集中力を高く維持できたと思います」（法学部卒／M・Y）

※1 David Medina, Paulo Barraza.: “Efficiency of attentional networks in musicians and non-musicians”. Heliyon, 5 (3): 2019, e01315　※2 Stanford University Medical Center. “Different brains have similar responses to music.” ScienceDaily, 11 April 2013.

"意識して"育脳

18

遊び

学び

適用年齢の目安

2歳

3歳

足し算・引き算は
おままごとや
ミニカー遊びの中で教える

小学校の低学年で足し引きの勉強が始まるが、最初でつまずかないように、幼少期からふだんの遊びの中で足し算引き算を取り入れて。

1から10までの数が数えられるようになったら、今度は足し算や引き算を遊びの中に取り入れるのがおすすめです。たとえば、ミニカーを5台並べて「もう1台来たよ。全部で何台になった?」(足し算の概念)、おままごとをして「ポテトが4本あるね。1本食べたら残りはいくつ?」(引き算の概念)など、身近なおもちゃで遊びながら楽しく算数を教えてみてはいかがでしょう。

「娘とおもちゃで一緒に遊ぶときは、足し引きの考えを取り入れるようにしていました。2歳では簡単な計算ができるようになりましたし、会話の中で足し引きを学んでいたからか、小学生では算数の文章題も得意でした」(農学部卒/Y・Uの母)

子どもは遊びの中で理解できると、自然と勉強も好きになると思います。好きなことをしていると、興味のないことも同時に覚えられることが研究でも証明されています。※

※ Gruber MJ and Gelman BD and Ranganath C.: “States of curiosity modulate hippocampus-dependent learning via the dopaminergic circuit”. Neuron. 84(2): 2014, pp. 486-496

"意識して"育脳

19

遊び

学び

適用年齢の目安

2歳

3歳

三角形、四角形、立体……。
折り紙で図形脳を育てよう！

図形脳とは、平面から立体などの図形を頭の中で具体的にイメージする力のこと。折り紙は平面から立体を作ることができるので、図形脳を鍛えるのに効果的だそう※。

折り紙は「図形脳が育つ」「指先を使うので脳の活性化によい」「集中力を鍛えることができる」などさまざまなよい点があるそうです。紙を半分に折ることができるようになる2歳ごろから折り紙にチャレンジさせてみてはいかがでしょう。まずは角を合わせて半分に折り、三角形や長方形を作る練習から。折り方により違う形ができるなど、図形を感覚的に学ぶことができます。上達してきて簡単な作品を作るときは、子どもが真似できるよう親も一緒に取り組むのがおすすめです。

「幼いころから折り紙をよくやっていました。本にある折り方を自分で理解して折るには、折り線の指示から次の形を立体的に想像しなければいけません。作っていく過程で失敗したときはやり直し、正しい折り方を自分で探していきました。折り紙をしていたおかげか、集中力と図形を認知する能力がつき、算数も得意でした」（経済学部卒／R・O）

※ 岩瀬 敏子，中山 千章：「折り紙と幼児教育」（『つくば国際短期大学紀要』38 巻）：2010, pp. 17-27

知って得する

column

学習に大切な脳の働き

なかなか勉強がはかどらないのはなぜだろう？　学習に大切なことの中には、「主体性」「知的好奇心」をもつことがあげられています。

学習や記憶に大切なのは

「主体性」

学習や記憶をするときに大切なのは「主体性」で、自分から進んで行うこと。イヤイヤ勉強をしても、効率は上がらないし、身につかないといわれている。

ノルアドレナリンという脳内物質が出ると、記憶が定着しやすくなる

何かに注意を向けたりすると興奮して、脳内でノルアドレナリンという物質が作られる。ノルアドレナリンが出ると、脳の柔軟性が増し、記憶をするのに大切なニューロンネットワークがスムースに作られて記憶が定着しやすくなる。

生まれたときからもっている

「知的好奇心」

生まれてまもない赤ちゃんに、いろいろな図形を見せると、より複雑な図形のほうをじっと見る。これは、人間が生まれたときから、もっと知りたい、もっと学びたいといった「知的好奇心」をもっていて、注目して考え、学習するようにできているからだ。

知的活動で「やる気」が起きる！

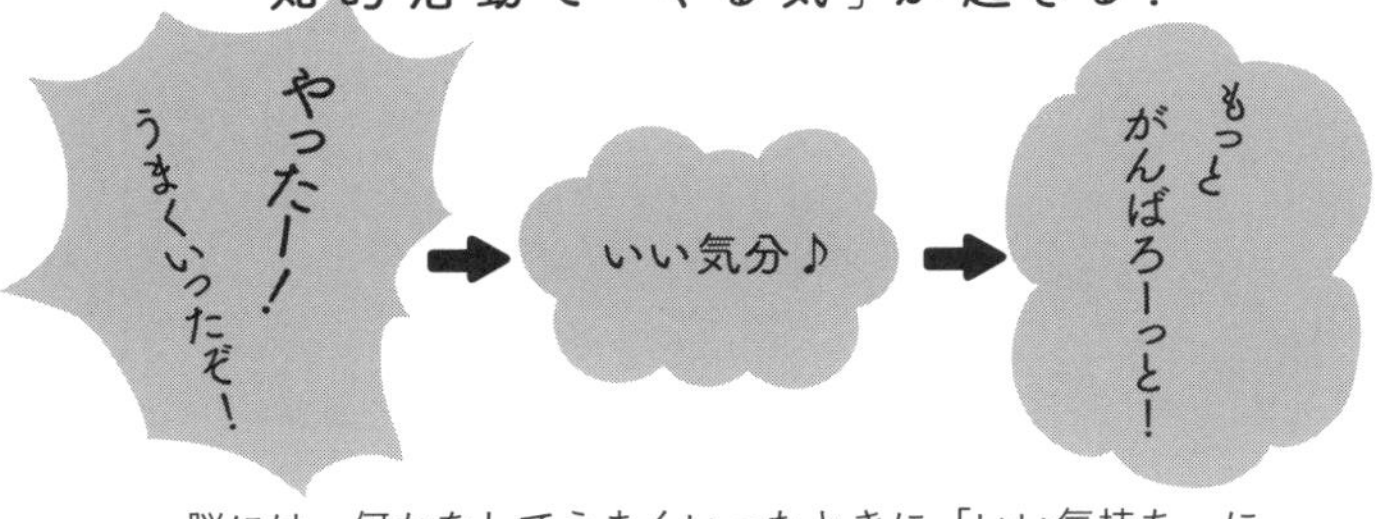
やったー！
うまくいったぞ！
いい気分♪
もっと
がんばろーっと！

脳には、何かをしてうまくいったときに「いい気持ち」になる仕組みがある。知的なことを行うと、A10《エーテン》神経と呼ばれる神経が刺激され、脳内麻薬物質が出て「もっとがんばろう！」という気分になる。

日本学術会議 おもしろ情報館（内閣府）のHPを基に本書が作成。
http://www.scj.go.jp/omoshiro/indextop.html

column

東大卒が夢中になった遊びは何？

アンケートからわかった、東大卒の約半数が幼少期に夢中になった遊び。
そして、遊びから学んだことも聞きました！

子どものころ夢中になった遊び、上位5つ！

（複数回答可）

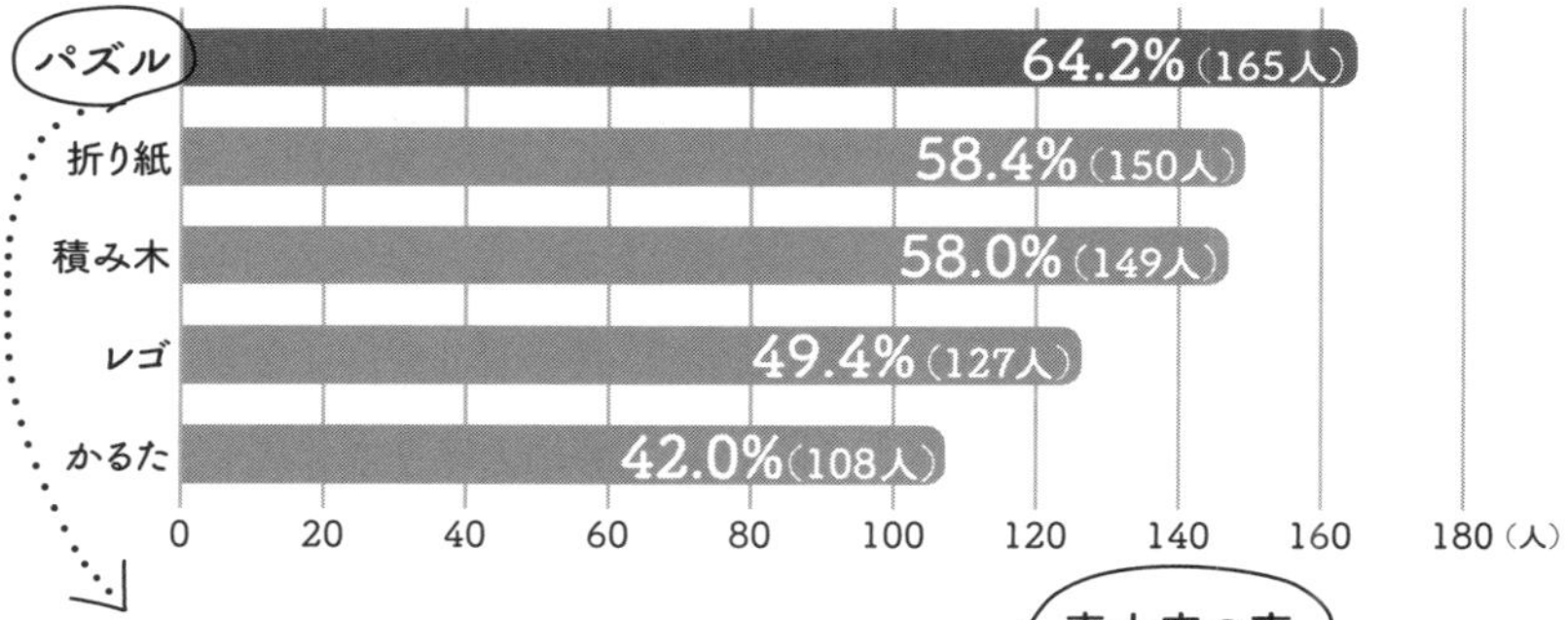

パズルで学んだこと

東大卒の声

完成への執念、
根気が養われた。

図形、色彩的理解が
強くなった。

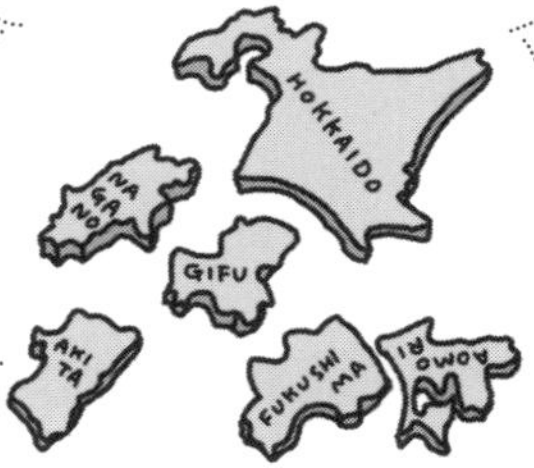

物事を完成させる
喜びみたいなのは
はぐくまれたかも
しれません。

パズルを最後まで
完成させることで
集中力が
身についた。

都道府県のパズルで、
位置関係と形、
大きさ（面積）を覚えた。

世界地図のパズルで、
各国の名前や位置を
覚えられた。

東大卒アンケート「『自分の育てられ方』について」より（％は小数点第二位以下を四捨五入）

3章

親として大切にしたい
育脳の心得

育脳の心得

1

「今日は特別ね」はダメ。親はぶれずに一貫した態度を！

適用年齢の目安

0歳

1歳

2歳

3歳

東大卒の家庭のルール

日曜日はみんなで食卓を囲む。

1日1回は大笑いする。

朝7時と夜7時は必ずNHKのニュース。

朝ごはん前に公文《くもん》の宿題を終える。

毎日必ず計算ドリルを1ページこなす。

まんが禁止。

きょうだいで、（親が決めるのではなく自分たちで）掃除と犬の散歩などのお手伝いの順番を決める。

東大卒アンケート
「『自分の育てられ方』について」より

親の態度や行動は、子どもが物事を判断する上で大きな影響力をもつといわれています。そのため、親はぶれずにいることが大切です。

「小さいころから『食事中はテレビを観ない』が我が家のルールでした。どれだけ騒いでも絶対に食事中はテレビをつけてもらえませんでした。そのため観たい番組があると事前に母に相談し、食事の時間をずらしてもらうことも。そのおかげもあり、ルールの中でどう行動すればよいかを自分で考える力がついたと思います」（工学部卒／Y・Y）

親が「今日は特別ね」とルールをころころと変えてしまうと、子どもは何を基準に判断すればよいのかわからなくなってしまいます。子どもには将来、自分の意思で判断し、行動できるようになってほしいもの。そのためにも、親はできるだけ一貫した態度をとるように心がけてはいかがでしょうか。※

※ 細江 容子：「母子関係と子どもの自主性との関係－東京山の手・下町の比較を通して－」（『家政学雑誌』第35巻8号）：1984, pp. 562-568

育脳の心得
2

よく寝る子は集中力が高い。たくさん寝かせよう

適用年齢の目安

0歳
1歳
2歳
3歳

アメリカ睡眠医学会によると、子どもの理想的な睡眠時間は、生後4か月～12か月は12～16時間、1歳～2歳は11～14時間、3歳～5歳は10～13時間※2。

寝ている間に、脳と体の成長に必要な成長ホルモンや、体内時計を整えるためのメラトニンというホルモンが分泌されるといわれています。※1　また、たくさん寝る子はおしゃべりが上手だったり、落ち着きがあり、集中力が高かったりするようです。

東大卒ママたちも幼いころはよく寝て、自分の子どもにも積極的に早寝早起きの習慣づけを行っている人が多数います。

「海外では子どもに必要な睡眠時間を確保できるよう親が気を遣うと聞き、我が家でも毎日決まった時間に寝かせるようにしていました」（法学部卒／M・Yの母）

子どもは日中、体を動かして遊ぶと疲れてよく眠りますが、日中の興奮で寝てくれない、ということも。寝つきをうながす習慣として東大卒ママに人気なのが絵本の読み聞かせ。子どもは親の声を聞くとリラックスするため眠気スイッチが入るようです。

※1 Carskadon Mary, Dement William.: "Normal Human Sleep : An overview". Principles and Practice of Sleep Medicine: 2010, pp. 16-26　※2 Paruthi S,et al. : "Recommended Amount of Sleep for Pediatric Populations: A Consensus Statement of the American Academy of Sleep Medicine". J Clin Sleep Med. 12(6): 2016, pp. 785-786

育脳の心得
3

東大生は朝型人間が多い！規則的な生活リズムで自発性を育てよう

適用年齢の目安

0歳
1歳
2歳
3歳

朝、子どもを起こすときは、カーテンを開けて光を浴びせるのがおすすめ。人間の体は、朝起きて日の光を浴びてから約15時間後に自然と眠くなるようにできているそう※2。

東大の卒業生には、小さいころから早寝早起きで、大学受験時代も夜10時までに就寝、朝5時起床だったというような朝型人間が多くいます。

「私は、0歳のころから毎朝6時に起きて午前中は公園に行き、夜8時までに寝るという規則正しい生活を送っていたそうです。小学校で朝から授業に集中できたのは、幼少期からの決まった生活リズムがあったからだと思います」（工学部卒／Y・Y）

赤ちゃんのころから「起きる」「食べる」「お風呂に入る」「布団に入る」を毎日できるだけ同じ時間に行いませんか。文部科学省の調査では、毎日同じくらいの時間に起きている児童生徒ほど、学力調査の平均正答率が高い傾向にあります。[※1]「朝起きる時間」を決めると、正しい時間に眠くなったりおなかがすいたりするので、自然と生活習慣が身につき、親が口うるさく言わなくても自分から行動するようになると思います。

※1 文部科学省　国立教育政策研究所：『平成 29 年度全国学力・学習状況調査　報告書【質問紙調査】』：2017.8, p. 188　※2 宮崎 総一郎：「小児の睡眠健康指導」（『小児耳鼻咽喉科』第 39 巻 3 号）：2018, pp.207-211

育脳の心得

4

親が手本になれば、子どもは自然に「真似」から「学ぶ」

適用年齢の目安

0歳

1歳

2歳

3歳

生後4か月の赤ちゃんの脳にも生物の動きを認知、分析する分野が存在することが研究でわかっている※2。親は子どもが真似しやすいような声かけをして、手本を見せるとよい。

生後4か月の赤ちゃんにも、人の動きを真似しようとする力があり、親の動作を見て、自分でもやってみようとすることが明らかになっています。※1

「娘にはあまり口うるさく何をしなさいと言った覚えはありません。やってもらいたいことは自分たちがやって見せることで、娘も率先してやってくれるようになりました」（経済学部卒／E・Oの母）

手を振るバイバイや拍手の動作も、子どもは親を見てできるようになっていきます。鉛筆を持つ、紙を折るなどの手先を動かす作業や、体を動かす遊び、ごはんを食べる動作なども同じこと。少し難しいことも、親がまずお手本を見せることで、子どもは早く習得できるようになるそうです。真似をしてできたなら、自信がつくようにたくさんほめましょう。するとやる気に繋がるドーパミンという物質が分泌され、「もっとがんばろう！」という気持ちを引き出すことができるといわれています。

※1 ※2 Tobias Grossmann ,et al. : “Action observation in the infant brain: The role of body form and motion”, Social Neuroscience: 2013, pp. 22-30

育脳の心得 5

親が勉強する姿を どんどん子どもに見せよう!

適用年齢の目安

0歳

1歳

2歳

3歳

ポジティブ思考をもつとより楽しく、前向きに考えることができ、健康を維持できることがわかっている※2。

「私が子どものころ、フランス好きな母は家事をしながらいつもフランス語会話のテープを聴いていました。育児と仕事を両立させ、必死にすき間時間を使って勉強する母の姿は、自分の勉強時間を見つけるよいお手本になりました」（法学部卒／M・Y）

育児と家事、そして仕事……。あっという間に1日が終わってしまい、自分のための時間がもてないと多くの親が悩んでいるのではないでしょうか。しかし、そんな中でも、工夫して読書など自分の好きなことをする時間を少しでも見つけませんか？　その親の姿を見て、子どもも効率よく時間を使う習慣を身につけられるかもしれません。

また、楽しんで日々を過ごすとポジティブになり、より寛大になるので、物事のよい面に着目して相手の視点から考えやすくなるのだとか。※1 親も好きなことをしていると、子どもに対してもおおらかな気持ちで接することができそうです。

※1 ※2 山崎 勝之：「ポジティブ感情の役割—その現象と機序」（『パーソナリティ研究』14巻3号）：2006, pp. 305-321

育脳の心得
6

「少し高めの目標」が子どもの伸びしろを作る！

適用年齢の目安

0歳
1歳
2歳
3歳

子どもは伸びしろがいっぱい。最初はほめ続け、できるようになったら少し難しいことに挑戦させよう。

「0歳からスイミングを習っていましたが、2歳ごろからは少し年上のクラスで練習をしていました。いつも『少し難しいことに挑戦』することで練習が楽しく、小学3年生で中学生の選手クラスに進級するほど上達できました」（農学部卒／Y・U）

「少し難しいこと」ができるようになると、ドーパミン神経系が働き、さらなるやる気と成長に繋がるといわれています。※既にできることについてほめられているだけでは、うれしいと感じるホルモン（ドーパミン神経系）の働きは低下してしまうそうです。

ハイハイのときは、昨日より少し遠くにおもちゃを置いて取らせてみる。歩けるようになったら、昨日より少し多く歩かせてみる。昨日より少し難しい折り紙に挑戦させてみる。子どもの成長に合わせて、「少し高めの目標」を設定してみませんか？

※ Philippe N. Tobler and Anthony Dickinson and Wolfram Schultz.: “Discrete coding of reward probability and uncertainty by dopamine neurons”. Science. 299(5614): 2003, pp. 1898-1902

育脳の心得
7

東大生は「勉強」よりも「遊び」に集中していた。夢中になっているときは中断させないで！

適用年齢の目安
0歳
1歳
2歳
3歳

次から次へと新しい遊びに移ると集中して遊ぶことができず満足感が得られない。親は遊びの内容を発展させるようなアイディアを出してあげよう。

遊びは創造力を養ったり、自主性、協調性を培ったり、子どもの成長に不可欠なものといわれています。東大生には意外にも「幼少期は勉強よりもたくさんの遊びを経験してきた」という人が多くいます。

子どもが満足感を得られるよう、親がなるべく制限を設けずに子どもの「やりたい」という気持ちに応えてあげると「質の高い遊び」を実現させることができるそうです。※時間がないから、危険だからと、集中している遊びを「ダメ」と中断させずに、満足して遊ばせるにはどうすればいいかを一緒に考えることで、子どもの創造力は育つのだとか。

「私の場合は、おままごとで作った食べ物を配達するための街づくりをしたり、最終的には実際に簡単なおやつなどを料理するまで親が手助けしてくれました。幼稚園児のころには自分で遊びのアイディアを出せるようになり、発想力がついたと思っています」（経済学部卒／E・O）

※ 浅木 尚実：「幼児教育・保育の質的向上における「遊び」についての考察」（『淑徳大学短期大学部研究紀要』55巻）：2016, pp. 37-49

育脳の心得

8

東大生は幼少期に熱中していたものがある。探究心を育てよう

適用年齢の目安

1歳

2歳

3歳

ひとつのことに集中して取り組むと、脳のほかの分野も活性化する。これを「汎化作用」といい、得意分野を伸ばすことで、苦手分野もある程度伸ばすことができるといわれている[※2]。

人間は何かひとつ好きなことに集中すると脳全体が活性化されるそうです[※1]。東大生には「幼少期に熱中していたものがあり、親が一緒に楽しんでくれた」と話す人も多くいます。

「幼いころ祖母の畑に行くのが好きでした。野菜の名前を覚えたり、収穫した野菜を星型に型抜きして図形を学んだり……。祖母が私の興味にとことんつきあってくれたからこそ『もっと知りたい』と探究心がついたのだと思います。そこで、私も息子に実践。息子は電車好きなので、2歳後半で鉄道博物館に連れていきました。するとリニアの超電導の仕組みから磁石の反発について特別な興味を示していました」（農学部卒／Y・U）

たとえば、子どもがおままごとでよくイチゴのケーキを作っていたら、イチゴ狩りに行き、収穫したイチゴで本物のケーキを作る。そのように、子どもの興味にとことんつきあってみませんか。

※1 ※2 瀧 靖之：『16 万人の脳画像を見てきた脳医学者が教える「賢い子」に育てる究極のコツ』（文響社）: 2016, pp.98-101

育脳の心得
9

イヤがることは親が一緒に。
寄り添うことが
子どもをやる気にさせるカギ

適用年齢の目安

1歳

2歳

3歳

イヤがる子どもに親の意見を無理に強いるのではなく、気持ちに寄り添おう。

2歳に近づくと、子どもの意思はどんどん強くなります。その時期はなかなかおもちゃを片づけず、服を着るのをイヤがり、歯も磨かない、といったことが日々起こります。そんなとき、イラっとして「ちゃんとしなさい！」と言いたくなりますが、ぐっとこらえて「一緒にやってみよう」と声かけをしてみませんか？　親が子どもの気持ちに寄り添うことで子どもの主体性を伸ばしたり、自尊心を高めたりすることができるといわれています。※

「3歳からピアノを習っていましたが、練習が嫌いでいつも先生に注意されていました。それを見かねてか、親が練習のとき一緒に弾いてくれるように。そして、わからないところは何度も教えてくれました。私が弾けるようになると、親も一緒に喜んでくれるので次第に練習が好きになり、進んで練習するようになりました」（法学部卒／M・Y）

※ 寺田 恭子 , 赤井 綾美 , 小杉 知江他 :「『子どもの主体性を育てる』地域における子育て支援の課題—親と子の関係性に着目した『しつけ』への取り組み—」（『保育学研究』52 巻 3 号）: 2014, pp. 379-390

育脳の心得 10

「できた!」子どもがチャレンジしたらまず、ほめる

適用年齢の目安

1歳 2歳 3歳

失敗を経験することで子どもは成長していくもの。取り組んだ努力をまずはほめよう。

「母は自分が厳しく育てられた経験から、子どもはほめて育てようと心がけていたそう。そのため母は私が努力していることに対し、たくさんほめてくれました。母が言うには、トイレトレーニングも毎回ほめて楽しく取り組めるようにしたところ1歳半にはおむつが取れたそうです」（経済学部卒／E・O）

子どもにとって、親にほめられることはとてもうれしいもの。また、幼少期にほめられて育った子どもは自己肯定感が強いという研究結果もあります。※たとえ失敗してもがんばった過程をほめたたえたいもの。たとえば洋服のボタン。はじめはかけ違えてしまうことが多いと思いますが、まずは「ボタン、上手にかけられたね！」と、ひと言ほめて。そのあとで「今度はまず一番上の穴とボタンを確認してみようね。次はきっとできるよ！」などと具体的に声かけを。そうすると子どもは自信をつけ、挑戦を前向きにとらえるようになると思います。

※ 青木 直子：「ほめることに関する心理学的研究の概観」（『名古屋大学大学院教育発達科学研究科紀要 心理発達科学』52巻）：2005, pp. 123-133

育脳の心得
11

「怒る」ではなく「叱る」

適用年齢の目安

1歳

2歳

3歳

ストレスを感じると、前頭前野という脳の部分が萎縮し、思考力や集中力が低下することがわかっている※2。

「腹を立てて感情で伝えるのは『怒る』。理由をもって冷静に伝えるのが『叱る』。母から教えられた教訓です。母に叱られることはあっても、怒られたことはほとんどありませんでした。いつも叱られる理由を説明してもらっていたので、納得して自分の行動を変えられました」（農学部卒／Y・U）

子どもに注意するときは感情的にならず、なぜダメなのかを説明することが大切だといわれています。たとえば、子どもが飲み物をこぼしたときは「こら！」ではなく、「わざとじゃないよね。でもふざけながら飲んでいたからこぼしたよね。まず拭こうね」などと冷静に対応を。そして「次に飲むときはどうしたらいい？」と一緒に考えてみるとよいようです。なぜなら、ただ怒鳴られただけでは子どもは「怖かった」という記憶しか残らないのだとか。そして「怖い」といった恐怖感はストレスホルモンを出し、脳の動きを鈍くするともいわれています。※1

※1 ※2 岡本 泰昌：「ストレスを感じる前頭前野：ストレス適応破綻の脳内機構」（『日本薬理学雑誌：FOLIA PHARMACOLOGICA JAPONICA』126巻3号）：2005, pp. 194-198

育脳の心得

12

比べる対象は昨日の子ども。
ほかの子どもと比べないで

適用年齢の目安

1歳

2歳

3歳

東大卒の親の言葉

「前回より順位が上がってよかったね！」「○○の科目が苦手なら次はがんばってね！」

「なぜ点数が低いのか、どこで間違えたのか」など聞かれた。

「同じ過ちは繰り返さないように、わからないところはちゃんと理解する」

東大卒アンケート「『自分の育てられ方』について」より（％は小数点第二位以下を四捨五入）

テストの点、親に比較されていた？

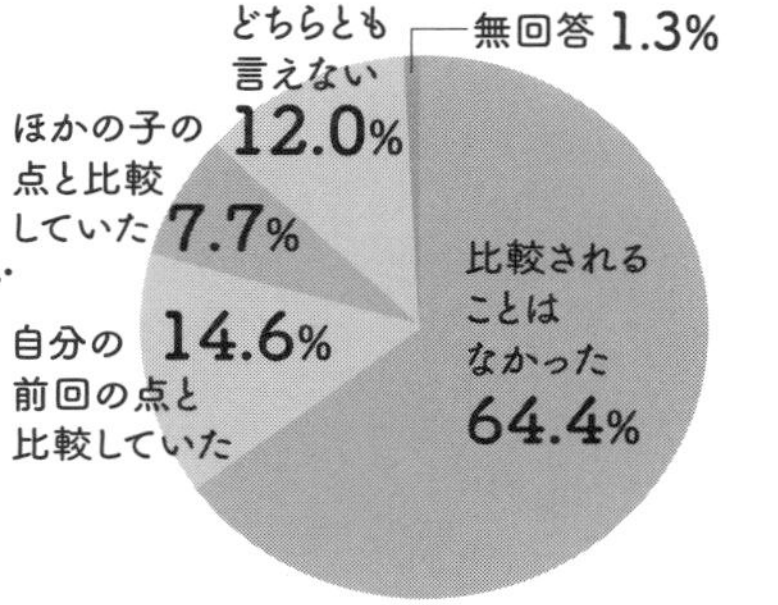

「○○くんに負けてはダメ！」など、幼少期から他人と比べられた東大生は少ない。

東大卒アンケートでは、テストの点（偏差値）について、親が他人と比較してほめたり怒ったりしていたという回答は８％以下。自分の前回の点と比較されて、なぜ前より悪くなったか、あるいはなぜ間違えたかの理由を親子で一緒に考えることが多かったという回答が多数寄せられました。また、点が下がった教科を怒られるのではなく、よくなった教科をほめられた家庭も多くありました。

「子ども時代、親は友達との優劣よりも、『自分は自分、他人は他人』と言い、昨日できなかったことが今日できたことを喜んでくれました。親にできたことをほめてもらえたことが自信になり、次にがんばる原動力となりました」（法学部卒／H・K）

とはいえ、うちの子は発語が遅いなど、ついほかの子と比べてしまうのが親心。そんなときは「ほかの子と何が違う？」「うちの子の長所は何？」と、その子らしさを見つけてみてはいかがですか？

育脳の心得
13

おもちゃは自由に遊ばせて。応用力を鍛えよう！

適用年齢の目安

1歳
2歳
3歳

おもちゃは少ないほうが、長い時間集中し、いろいろな遊び方をするという研究も。手の届く範囲には5つほどおもちゃを置き、一定期間で入れ替えるのが理想的だとか※2。

子どもはひとつのおもちゃを想像力豊かに、いろいろなものに見立てて遊ぶのがとても上手です。その能力を使って応用力を伸ばしませんか？　それには、使い方に幅のあるおもちゃを選ぶこと、子どもが考えついた遊び方を受け入れること、ひとつのおもちゃに集中できる環境を作ることが重要といわれています。※1

「私は、将棋のルールなどわからない2歳ごろから駒を使って遊んでいました。駒の大小を比べて遊んだり、ドミノのように並べて遊んだり、将棋くずしをやったり……。どうしたら楽しく遊べるのかを考え、視点を変えて新しい遊び方を考えるのが好きでした」（経済学部卒／E・O）

子どもはある世界観に没頭し、想像力を働かせて遊ぶことで、応用する力の質・量ともに高めることができるのだそう。おもちゃの遊び方は子どもに任せ、親は見守るのがよいようです。

※1 石橋 尚子：「おもちゃのファジー性と幼児の象徴能力との関係」（『子ども社会研究』1巻）：1995, pp. 5-13　※2 Carly Dauch, Michelle Imwalle, Brooke Ocasio, Alexia E. Metz.: "The influence of the number of toys in the environment on toddlers' play". Infant Behavior and Development. vol 50 : 2018, pp. 78-87

育脳の心得
14

ほめるときは「すごい！」ではなく感想を伝える

適用年齢の目安

1歳

2歳

3歳

ほめられるための行動ではないのに、ほめられてばかりいると、そのギャップがストレスとなるそう。そのうち子どもはほめられることがゴールだと無意識に考え始めてしまうのだとか※。

新しいことがどんどんできるようになる時期は、自然と子どもをほめることが多くなります。しかし「すごい！　上手！」と言われているだけだと、子どもは自分がやりたくて行動していたはずなのに、ほめられることが行動の最終目的になり、もともと好きだったことをつまらなく感じてしまうそう。

ほめるときは具体的な感想を伝えると、やる気を伸ばすことができるそうです。たとえば上手にライオンの絵が描けたとき、「たてがみが立派で強そうだね」と伝えてみましょう。すると「もっと強く見えるようにするためにはどうすればいいかな？」と考え、描く意欲が伸びるそうです。

「3歳のころ、かけっこをしていた私に母が『前よりも腕を大きく振れるようになったね』といってくれました。その後もっと腕を大きく振れるように意識していたら、小学生でリレーの選手に選ばれるほど足が速くなりました」（法学部卒／M・Y）

※ Festinger, Leon.: “A theory of cognitive dissonance”. Stanford university press, 1962

育脳の心得
15

対象年齢は目安。興味をもったときが教えどき！

適用年齢の目安

1歳

2歳

3歳

好奇心は〝数時間だけ記憶する能力〟も〝長期間記憶しておく能力〟も高めてくれる。何事にも好奇心をもてる心が大切。

好奇心は学習や記憶の効率を高めることがわかっています。※対象年齢から外れていても、子どもが興味をもったらまずは取り組ませてみるのがおすすめです。

「3歳のころ、私がアイロンに興味をもつと、母は一緒にハンカチのアイロンがけをさせてくれました。それ以降、アイロンがけは私の習慣になりました」（経済学部卒／E・O）

親がしっかりと安全に配慮することが必要ですが、1歳でも興味をもったときにハサミの使い方を教えると、案外すぐに習得してどんどん上達します。そして、ハサミを使う手先の器用さが次はボタンの開閉に発展する、といったように連鎖して、できることが増えていきます。子どもが「今やりたい」と思っていることを見極め、教えませんか。それが自分から積極的に学ぼうという姿勢を身につけることに繋がるかもしれません。

※ Gruber MJ and Gelman BD and Ranganath C.: “States of curiosity modulate hippocampus-dependent learning via the dopaminergic circuit”. Neuron. 84(2): 2014, pp. 486-496

育脳の心得
16

東大生は本が好き。本に費やすお金は惜しまないで

適用年齢の目安

0歳
1歳
2歳
3歳

本は図書館で借りるのもおすすめ。東大卒アンケートでは「家に100冊以上は絵本があった」「絵本が毎月届くサービスを利用していた」という声も。

「東大生は本が好き」という噂は本当です。東大卒アンケートでも、約7割の人が本好きでした。[※1] その素地は、幼いころの家庭環境の影響も小さくはありません。

「物心つく前から家にはたくさんの本があり、寝る前などに母に本を読んでもらうのが楽しみでした。その後、小学生になっても本を読むのは大好きで、図書館にあるページ数が多いシリーズを読破しました し、大学入試も長文問題を読むことが苦ではありませんでした」（法学部卒／S・W）

子どものころに読書をした人は成人してからも読書量が多く、社会性や自己肯定感が高いという調査結果もあります。[※2]

子どもが自分から「本を読みたい」という気持ちをもてるよう、子どもが興味をもつ本があれば、親の都合で妨げずに、読める環境を作りたいもの。親として、本には惜しまず投資しませんか。

※1 東大卒アンケートでは、「本が好きですか？」という問いに、「はい」が約69.5%だった。　※2 国立青少年教育振興機構：『子どもの読書活動の実態とその影響・効果に関する調査研究報告書』：2013

育脳の心得
17

イヤイヤ期の「イヤ！」はまず一旦受け入れる

適用年齢の目安
2歳

3歳ぐらいまでの子どもが場所や時間、順序、所有が一定であることに強いこだわりをもつのは、自分の周りの世界を理解しようとしているためなのだそう※2。

「イヤ!」ばかりのイヤイヤ期。わがままを受け入れたら自分勝手な子になってしまうのではないかと思い、つい「ダメ!」といってしまいがちです。でも実はこの「イヤイヤ」は、子どもにとって、物事が合っているか否かの判断をし、自分の周りの世界を理解するために必要な行動なのだとか※1。

子どもがどうでもいいことにこだわっても否定せずに「そうだね」と、一度子どもの思いを受け止めてみて。親が気持ちに寄り添うことで子どもは安心し、思いどおりにいかなくても気持ちを切り替えたり、次の行動に移りやすくなったりするそうです。

「私は外食時に誰がどこに座るかについて毎回こだわる子どもでしたが、母は必ずそれを受け入れてくれました。自分の理解者がいるという安心感から、周りの反応を恐れずにのびのびと意見をいうことができ、それが〝自分の考えをもつ〟ことに繋がりました」(法学部卒/M・Y)

※1 ※2 クラウス・ルーメル監修:『モンテッソーリ教育用語事典』(学苑社):2006

育脳の心得
18

親がすぐに答えを出さない

適用年齢の目安
2歳
3歳

子どもが混乱しないよう、選択肢は2〜3にし、子どもが選んだものを親の都合で覆さないようにしよう。大人が先回りして干渉してばかりいると、主体的な行動がとれなくなることもあるとか。

東大生のほとんどは、中学生以降、「親に言われなくても自ら勉強していた」と言います。[※1] 言われずとも勉強していた要因のひとつとして考えられるのは、"自ら考え行動する力"が備わっていたということ。幼いころからなんでも親が決めるのではなく、子どもに考える機会を与えてみてはいかがでしょうか。

「2歳ごろから『今日は少し寒いけど、どの服がいい？』と天候の情報を教えてもらった上で、親が選んだ2〜3着の中から着るものを自分で選んでいました。3歳ごろには『今日は寒いからこれを着よう』と自分で考えられるようになっていました」（農学部卒／Y・U）

心理学の研究で、人は苦労して得たものに喜びを感じるということがわかっています。[※2] 子どもも親からあれこれ言われるより、自分で試行錯誤して取り組むほうが楽しいようです。

※1「中学生以降、親から勉強しなさい！ と言われていましたか？」という問いに対し、「自ら勉強していた」と回答したのは約79.7%。「いつも親に言われて勉強していた」と回答したのは、わずか6.6%ほどだった。
※2 Tarte RD.: "Contrafreeloading in humans". Psychological Reports. 49(3): 1981, pp. 859-866

育脳の心得 19

きょうだいで「教え」「教わる」環境作りを!

適用年齢の目安

2歳

3歳

おもちゃの遊び方や図鑑などに出てくる簡単な言葉、2色の絵の具を混ぜると違う色に変わることなど、子どもが発見したことはきょうだい間で「教え」「教わる」きっかけになりやすい。

きょうだいを育てていると、ひとりにかけられる時間や労力が短くなることに不安を感じることもあると思います。きょうだいがいる場合には、家庭内に歳の近い子どもたちがいることを利用して、きょうだい間で「教え」「教わる」機会を作ってみてはいかがでしょうか。特に、3歳未満の子どもは、仲間である同年代の行動を、コミュニケーションや学習のために真似ようとするそう。※うまくいかないときには、もちろん親が間に入ってサポートをしましょう。

「私には歳の近い弟がいます。3歳のころ、弟とブロックで遊びながら、組み立て方を教えていたそうです。説明の仕方や順番などを子どもなりに試行錯誤していたのか、弟がうまく組み立てられたときには、自分のことのように喜んでいたようです。そうした経験を経て、伝え方が上達したと聞いています」（法学部卒／A・M）

※ 大桑 萌：「0～2歳児の仲間関係における模倣の役割」（『保育学研究』52巻2号）：2014, pp. 172-182

育脳の心得 20

東大生は目標達成率が高い。約束や目標は自分で決めさせよう！

適用年齢の目安 3歳

ノーベル賞を受賞したヘックマンが関与した「ペリー就学前実験」では、遺伝子ではなく幼少期の環境が将来の学力や収入を決めるという結果が出ている※2。子どもが自分の意思を表現できるようになったら、何事も「自分で決める」練習を。

東大生は「自分で決めたこと」をやり切る人が多いようです。

「母は私が3歳になると『あなたは何がしたい？』と聞くようにしていたそう。私が覚えているのは、3歳のときに、自分でドリルを1日10枚やると約束し、1か月間やり通して母にほめられたこと。その後やり遂げたことが自信となり、自分で目標を立ててから取り組むことが習慣になりました」（法学部卒／H・K）

最初は遊びの終わり時間を決めるなど、日々の小さな約束から始め、その後、自分の洋服は自分で畳むといった、定期的な約束に少しずつステップアップするのがおすすめです。幼少期は自信、やる気、忍耐力といった力（非認知能力）を育てることが重要だと研究でわかっており※1、自分で決めた約束を守ることは、自信を育てることに繋がるといわれています。

※1 ※2 Heckman, J. J. , Rubinstein, Y.: “The Importance of Noncognitive Skills: Lessons from the GED Testing Program”. American Economic Review 91(2): 2001, pp. 145-149

育脳の心得
21

「エジソンってどんな人？」
偉人や有名人の話をしよう

適用年齢の目安
3歳

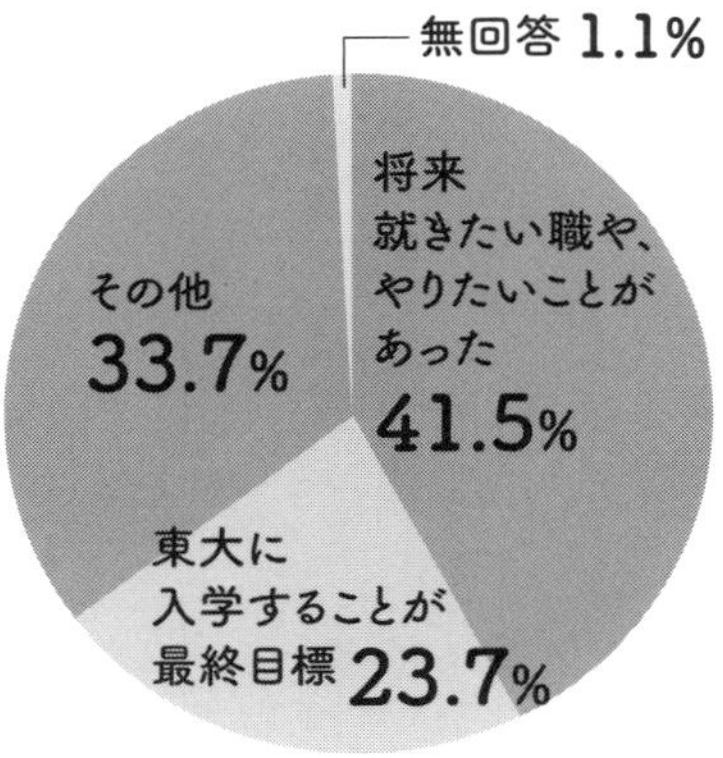

その他には「単に勉強することが楽しかった」という回答が多かった。

東大卒に聞きました！

東大に入る前、最終目標はなんでしたか？

東大卒アンケート
「『自分の育てられ方』について」より
（%は小数点第二位以下を四捨五入）

親である自分の経験や、偉人、有名人の一生の話をして、がんばることで将来どんな人生の収穫があるのかを、小さいころから子どもが具体的にイメージできるようにしませんか？

「私の家には『世界偉人伝』の本があり、3歳ごろから偉人がどんな努力をしてどんな成果を残したのか、よく読み聞かされていました。親からは『がんばるだけが偉いことではない、なんのためにがんばるのかを考えることが大事』と言われていました。小、中学生のころには目的が何かを常に考えて勉強をするクセがついていました」（法学部卒／H・K）

がんばる目的を決めて取り組んだほうが、子どもも楽しく勉強できるのではないでしょうか。実際、私たちが行った東大卒アンケートでも「東大合格はあくまで通過点だった」人が多数おり、がんばる意味をもって勉強に取り組んでいたことがわかりました。※

※「東大に入る前、将来就きたい職ややりたいことがあった」と回答した人への設問、「就きたい職につけましたか？」では、「はい」が38.5%、「いいえ」は61.5%だった。

育脳の心得
22

知育時間は1日合計30分あればいい！働くママやパパが不利だと思わないで

適用年齢の目安

0歳
1歳
2歳
3歳

出勤前のすきま時間を有効活用!!
どこの国かな?
カナダ!!

1回たった5分でOK！「知育をしなきゃ」と気負わずに、すき間時間を見つけて知育をしよう！ はじめは興味を示さなくても、親が怒らず、気長に取り組めば、だんだん子どもも楽しむようになる。

幼児が集中できる時間は年齢＋1分といわれています。※ 子どもが飽きないよう、いろいろな取り組みを、短い時間で実践するのが効果的なのだそう。働く親でも、1日合計30分ほどあればいろいろな知育活動に取り組めます。

たとえば、朝ごはんのあとに国旗カードやかるた、夕飯後に知育遊びや図鑑を読み、お風呂で数字遊び、寝る前に読み聞かせやお話作りをするといったように、すき間時間を活用するのがおすすめです。

「共働きの両親でしたが、すき間時間で知育遊びをたくさん取り入れてくれました。私も現在働いていますが、数分ずつでも時間を見つけて楽しく知育遊びに取り組んでいます」（農学部卒／Y・U）

まずは何かひとつでも知育遊びを始めてみませんか？ 幼いころから「学ぶことは楽しい」と感じるようになれば、だんだんと自主的に学ぶ子どもに育つのではないかと思います。

※ Helen Fowler Neville.: “Adapted from Is This A Phase: Child Development & Parent Strategies, Birth to 6 Years”. Parenting Press: 2007

東大生アンケート

column

4歳になるまでに始めた"習い事"

東大卒と言うと、「小さいときに何か習っていた?」とよく聞かれます。
そこで東大卒アンケートで子どものころの
「習い事」を聞いてみました。

4歳までに習い事をはじめましたか?

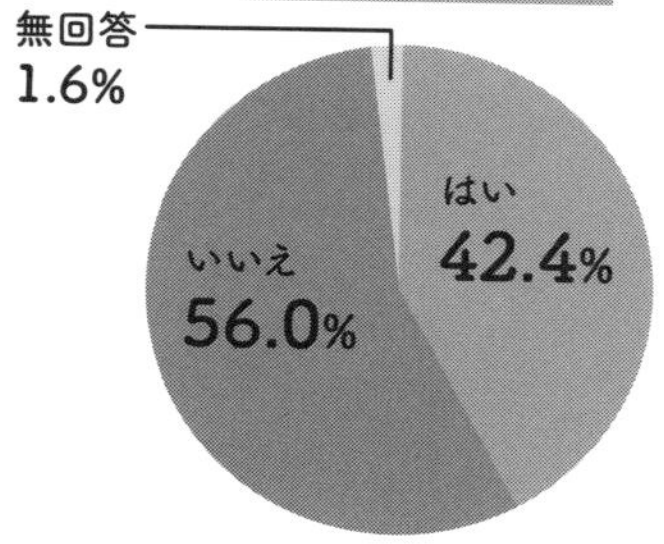

どんな習い事をしていましたか?

(複数回答可)

1位	スイミング	35.8%
1位	ピアノ	35.8%
3位	公文	19.3%

その他には、バレエや英語、サッカーなどという回答も。

「習ってよかった!」その理由

1位 スイミング

- 0歳から習っていたおかげで、体力がついた。
- 0歳から小学校高学年まで続けたため、何事も続けると上達することを実感できてよかった。また、ひとつのことを続けることは、自信にも繋がった。

継続力と音感が
ついた！

2位 ピアノ

- 周りより得意であることが自信に繋がった。
- 毎日継続して何かをすることが身についた。
- 音感がついた。

机に向かう習慣が
ついた！

3位 公文

- 机に座ることが苦痛でなくなった。
- 2歳ごろから小さな成功体験を積み重ねることができ、自信をもてた。
- 計算が得意になり、漢字もたくさん覚えられた。

これも聞いてみた

子どもにさせたい"習い事"（複数回答可）

上位3つの習い事

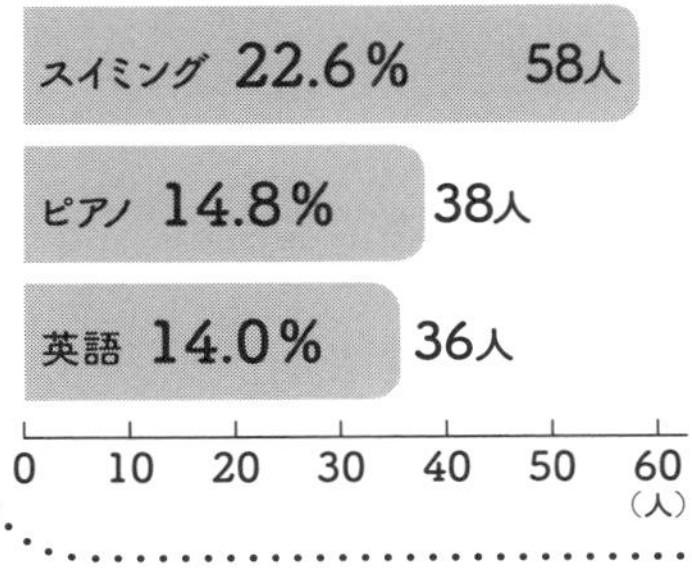

3位には英語が浮上！

グローバル社会へと進む中、英語を早くから学ぶことが重要だと考えている東大生は多いようだ。そのほか回答で多かったのは「好きなことをさせたい」。また、中には「プログラミング」という回答もあり、情報社会に向けた先取り学習を考える傾向も見られた。

 東大卒アンケート「『自分の育てられ方』について」より（%は小数点第二位以下を四捨五入）

東大卒アンケートについて

本書に掲載している「東大卒アンケート」は、
「自分の育てられ方」について東大卒、東大大学院卒、
現役生にインターネットで実施したものです。
本文中の東大卒アンケートによる声や言葉は抜粋です。
子どものころの記憶のため、具体的な年齢は
明確でないものもあります。

調査方法

アンケートタイトル	：「自分の育てられ方」について
設問数	：全 38 問
回答方法	：選択式（単一回答、複数回答）、 記述式（自由回答方式）など
回答人数	：257 人
実施日	：2019 年 12 月 27 日～ 2020 年 1 月 12 日
集計月	：2020 年 1 月

東大卒ママの会

東京大学卒業（2011年～2012年度）の現役子育てグループ。主要メンバーは7名。東大出身者が受けてきた幼児教育に、子育てママ世代の関心が高いことに着目し、そのネットワークを活かし、東大OB・OGたちへのヒアリングやアンケートを行う。これらのデータを基に「東大生の幼少期の習慣」を分析し、現役ママの目線も取り入れて、〝今すぐできる幼児教育〟の実践方法を提案している。

https://mosh.jp/todaimoms/home

監修　**佐藤千代**（幼児教育研究家）

東大卒ママたちに教わる、
「東大脳」を育てる3歳までの習慣

2020 年 6 月 15 日　初版第1刷発行
2020 年 7 月 8 日　　　第2刷発行

著　者　東大卒ママの会
発行者　小澤洋美
発行所　株式会社小学館
〒101-8001　東京都千代田区一ツ橋 2-3-1
編　集　03-3230-5442
販　売　03-5281-3555
印　刷　大日本印刷株式会社
製　本　牧製本印刷株式会社

イラスト……………… 後藤グミ
ブックデザイン…… 阿部美樹子
構成 ……………… 佐藤美喜　五十嵐佳世（小学館）
マーケティング…… 小菅さやか・椎名靖子・野中千織（小学館）
制作 ……………… 遠山礼子・星一枝（小学館）

ISBN978-4-09-311424-0